近畿圏版⑨　最新入試に対応！家庭学習に最適の問題集!!

大阪教育大学附属 平野小学校

2020～2023年度過去問題を掲載

2024年度版 過去問題集

合格までのステップ

●資料提供●
くま教育センター

ISBN978-4-7761-5523-2
C6037 ¥2000E
9784776155232
定価 2,200 円
(本体 2,000 円 + 税 10%)
1926037020004
日本学習図書 ニチガク

ニチガクの
家庭学習支援

Web学習サポートサービス

こんなこと…ありませんか？

「ニチガクの問題集…買ったはいいけど、、、
この問題の教え方がわからない（汗）」

メールでお悩み解決します！

- ☆ ホームページ内の専用フォームで必要事項を入力！
- ☆ 教え方に困っているニチガクの問題を教えてください！
- ☆ 確認終了後、具体的な指導方法をメールでご返信！
- ☆ 全国どこでも！ スマホでも！ ぜひご活用ください！

<質問回答例>

学習のポイント

推理分野の学習では、後の学習に活きる思考力を養うことができます。ご家庭で指導する場合にも、テクニックにたよらず、保護者の方が先に基本的な考え方を理解した上で、お子さまによく考えさせることを大切にして指導してください。

Q.「お子さまによく考えさせることを大切にして指導してください」と学習のポイントにありますが、考える習慣をつけさせるためには、具体的にどのようにしたらいいですか？

A. お子さまが考える時間を持てるように、質問の仕方と、タイミングに工夫をしてみてください。
たとえば、「答えはあっているけど、どうやってその答えを見つけたの」「答えは○○なんだけど、どうしてだと思う？」という感じです。はじめのうちは、「必ず 30 秒考えてから手を動かす」などのルールを決める方法もおすすめです。

まずは、ホームページへアクセスしてください!!

http://www.nichigaku.jp　日本学習図書　検索

目指せ！合格！

家庭学習ガイド
大阪教育大学附属平野小学校

運動　ペーパー　巧緻性　口頭試問　行動観察　保護者面接

入試情報

応募者数：男女　133名
出題形式：ペーパー、ノンペーパー、個別テスト
面　　接：志願者・保護者面接
出題領域：ペーパー（記憶、常識、図形など）、巧緻性、口頭試問（個別）、行動観察（集団、音楽）

入試対策

当校の入試はペーパーテスト＋巧緻性テスト＋行動観察＋口頭試問という形式で行われます。ペーパーテストでは特に難易度が高い出題はなく、頻出分野である「記憶」「常識」「図形」をはじめとする各分野の基礎的な学力を身に付けておけば、充分対応できるでしょう。ただし、ペーパーテストや巧緻性テスト、口頭試問など、ジャンルの違う課題が前問で話された内容に関連付けて出題される、という変わった形式です。実際の問題を解き、慣れておく必要があります。また、筆記用具も１つのカゴから指示された道具を取り出して使い、問題ごとに取り替えます。こちらもかなり独特ですが、模擬試験等で一度経験しておけば、たいていのお子さまはあわてないようです。

●巧緻性テストは「線なぞり」と「塗る」課題が出題されました。ここ数年の出題内容は一定ではありませんが、「切る」「貼る」「塗る」「折る」といった基本的な作業が中心です。

●面接（志願者には口頭試問）は、志願者・保護者が同じ教室で別々に行われます。保護者には「進学について特別な指導をしないことを知っているか」「交通マナーについて家庭ではどのような指導をしているか」などの質問や、学校をよりよくするための意見を求める質問がありました。こうした質問に「特にない」と答えると印象がよくないので、何かしら答えられるようにあらかじめ準備をして面接に臨んでください。

「大阪教育大学附属平野小学校」について

〈合格のためのアドバイス〉

本校は、大阪教育大学に３校ある附属小学校の中で唯一附属幼稚園があり、内部進学の関係上、ほかの２校に比べ、募集人数が少なくなっています。

教育目標として「ひとりで考え、ひとと考え、最後までやり抜く子」を掲げており、自発的に学習に取り組む主体性、友だちと支え合い高め合える協調性、創造的で粘り強い追究心を育てることを目指しています。

2023年度の入学選考は、２日間に渡って行われ、**ペーパーテスト、巧緻性テスト、行動観察、面接**が行われました。

１日目のペーパーテストでは、**記憶・常識・図形・巧緻性テスト**などが出題されました。それぞれの問題は難しくないので、基礎をしっかり固めていれば難なく解ける問題です。そのため、どの志願者も正解率が高くなってくるでしょうから、ケアレスミスがないようにしっかりと対策を取っておきましょう。

２日目には**面接、行動観察**が行われました。保護者、志願者いっしょに入室しますが、名前を言った後は、同教室の別々の場所で面接を受ける形式です。保護者には、学校をよりよいものにするための意見を求める質問があり、志願者には、先生とゲームをするほか、いくつか質問がされました。また、行動観察はさまざまな課題が出されています。音楽リズム（「ピクニック」を歌う）、運動（なわとびを跳ぶ）のようなこの年齢なら対策を取る必要のないやさしい課題などです。

試験全体を通して、指示を聞く力、思考力、自分の考えを発信する表現力がポイントと言えます。与えられた指示に的確に答えていく力が必要となります。対策としては、日常生活の中で、何か指示を出す際に１度に複数の指示を出す、１度しか言わない、復唱させるなどして、「聞く力」を高めましょう。また、お子さまが日々発する「どうして」を大切にし、お子さまが自分で考え、自分の言葉で伝えるよう指導していきましょう。

〈2023年度選考〉

- ◆ペーパーテスト
- ◆巧緻性
- ◆行動観察（集団）
- ◆面接（保護者・志願者）
- ◆口頭試問（志願者）

◇過去の応募状況

2023年度　男女133名
2022年度　男女209名
2021年度　男女129名

入試のチェックポイント

◇受験番号は…「当日抽選」
◇生まれ月の考慮…「なし」

〈本書掲載分以外の過去問題〉

- ◆運動：なわとびを跳んでください。
- ◆運動：かごにめがけて玉を投げてください。
- ◆行動観察：足踏みをしながら、ピクニックを歌ってください。
- ◆行動観察：折り紙を筒状にして、タワーを作ってください。
- ◆行動観察：模造紙に好きな絵を描いてください。

大阪教育大学附属 平野小学校

過去問題集

〈はじめに〉

現在、少子化が叫ばれているにもかかわらず、私立・国立小学校の入学試験には一定の応募者があります。入試は、ただやみくもに学習するだけでは成果を得ることはできません。志望校の過去における出題傾向を研究・把握した上で、練習を進めていくこと、その上で試験までに志願者の不得意分野を克服していくことが必須条件です。そこで、本問題集は小学校を受験される方々に、志望校の出題傾向をより詳しく知って頂くために、過去に遡り出題頻度の高い問題を結集いたしました。最新のデータを含む精選された過去問題集で実力をお付けください。

また、志望校の選択には弊社発行の**「2024年度版 近畿圏・愛知県 国立・私立小学校 進学のてびき」**をぜひ参考になさってください。

〈本書ご使用方法〉

◆出題者は出題前に一度問題を通読し、出題内容などを把握した上で、**〈 準 備 〉**の欄に表記してあるものを用意してから始めてください。
◆お子さまに絵の頁を渡し、出題者が問題文を読む形式で出題してください。問題を読んだ後で、絵の頁を渡す問題もありますのでご注意ください。
◆**「分野」**は、問題の分野を表しています。弊社の問題集の分野に対応していますので、復習の際の目安にお役立てください。
◆一部の描画や工作、常識等の問題については、解答が省略されているものがあります。お子さまの答えが成り立つか、出題者が各自でご判断ください。
◆**〈 時 間 〉**につきましては、目安とお考えください。
◆問題右端の**［○年度］**は、問題の出題年度です。**［2023年度］**は、「2022年の秋から冬にかけて行われた2023年度入学志望者向けの考査で出題された問題」という意味です。
◆**学習のポイント**は、指導の際にご参考にしてください。
◆**【おすすめ問題集】**は各問題の基礎力養成や実力アップにご使用ください。

〈本書ご使用にあたっての注意点〉

◆文中に**この問題の絵は縦に使用してください。**と記載してある問題の絵は縦にしてお使いください。
◆**〈 準 備 〉**の欄で、クレヨン・クーピーペンと表記してある場合は12色程度のものを、画用紙と表記してある場合は白い画用紙をご用意ください。
◆文中に**この問題の絵はありません。**と記載してある問題には絵の頁がありませんので、ご注意ください。なお、問題の絵の右上にある番号が連番でなくても、中央下の頁番号が連番の場合は落丁ではありません。
◆下記一覧表の●が付いている問題は絵がありません。

問題1	問題2	問題3	問題4	問題5	問題6	問題7	問題8	問題9	問題10
問題11	問題12	問題13	問題14	問題15	問題16	問題17	問題18	問題19	問題20
●	●								
問題21	問題22	問題23	問題24	問題25	問題26	問題27	問題28	問題29	問題30
		●	●						
問題31	問題32	問題33	問題34	問題35	問題36	問題37	問題38	問題39	問題40
	●								

(得) 先輩ママたちの声！

◆実際に受験をされた方からのアドバイスです。
ぜひ参考にしてください。

大阪教育大学附属平野小学校

・１日目の朝、封筒を引き、考査番号が決定され、その番号が書かれた札を渡されます。考査番号札に終了印を押すところが４ヶ所あり、１日目に２ヶ所押され、２日目も持参し、終了後、保護者票といっしょに返却することになっています。番号札をなくさないように注意してください。

・ペーパーテストでは、机の上にカゴがあり、ペンやクレヨンなど試験中に使う物が入っていました。それぞれの問題で、その都度、何を使うか指示があったそうです。また、使わないものや使い終わったものはカゴの中にしまうように指示があったそうなので、ふだんから使い終わったらしまう習慣を付けておくとよいと思います。

・ペーパーテストの後、次の準備までの間に「静かに待ちましょう」という指示がありましたが、おしゃべりをしていたり、走り回ったりしている子どもがいて、先生に注意されたそうです。

・体育館には椅子がなく、床に座るので、座布団などを持参された方がよいでしょう。

・面接は親子いっしょに入室しますが、子どもと親は両端２ヶ所に分かれて別々に面接を受けました。子どもは４ピースのパズルを完成させた後、家庭教育でどのように指導されているかを観るような質問をされました。家庭でのコミュニケーション、躾などでも、子ども自身に考えさせることを意識して教育をされるとよいのではないかと思いました。

・保護者の面接は５～６分で、「学校をよりよいものにするため、いろいろな意見を伺っています。アンケートのようなものですので、お気軽にお答えください」という言葉で始まりました。

・ペーパーテストでも行動観察でも、細かく指示が出されますので、注意深く聞けるように、ふだんのお手伝いから実践して臨みました。

◎学習効果を上げるため、前掲の「家庭学習ガイド」及び「合格のためのアドバイス」をお読みになり、各校が実施する入試の出題傾向を、よく把握した上で問題に取り組んでください。
※冒頭の「本書ご使用方法」「本書ご使用にあたっての注意点」も併せてご覧ください。

2023年度の入試問題

※ペーパーテストは、ひと続きのお話を聞きながら、さまざまな問題に解答していくという形式で行われます。

問題1　分野：お話の記憶

〈準備〉　赤鉛筆

〈問題〉　お話を聞いて、次の質問に答えてください。

たろうくんが家でクリスマスの絵本を読んでいると、お母さんから「買い物に行こう」と誘われました。お父さんとお母さんとたろうくんは、電車に乗って買い物へ出かけました。たろう君はお年玉をもらったばかりで、何を買おうか迷っています。初めにおもちゃ屋さんへ行き、そこでぬいぐるみを買うことにしました。たろうくんはお店の棚にあるクマのぬいぐるみと、奥にあるゾウのぬいぐるみを買おうとしましたが、お年玉の残りを考えると、どちらか1つを選ばなければなりません。悩んだ末に、ゾウの人形を買うことにしました。次にコップ売り場に行くとタンポポの絵のコップとチューリップの絵のコップがありました。お父さんとお母さんが「タンポポの絵のコップはどうかしら」と言いましたが、おともだちのひろし君がタンポポの絵のコップを持っているので、チューリップの絵のコップにしました。次に公園に行き少し遊んでから、また電車に乗って帰りました。お家に帰ってから少しすると、お友達のひろし君が遊びに来ました。ひろしくんとは、パズルを作って遊ぶことにしました。画用紙に好きな形を描いて、ハサミで切り取ります。切り取ったパーツに好きな色を塗ったら、２人で作ったパズルを合わせて車を作りました。バラバラにならないようにのりでしっかりくっつけ、お父さんとお母さんに見せに行きました。お父さんもお母さんも、たくさん褒めてくれました。

たろう君がお年玉で買った人形とコップに○を付けてください。

〈時間〉　10秒

〈解答〉　右上（チューリップの絵のコップ）、左下（ゾウのぬいぐるみ）

学習のポイント

当校の入試は、例年、１つのお話の中で「聞き取り」「常識」「推理」「図形」などの多分野の質問をされるという特徴的な形式です。特徴的な出題形式なので、問題そのものの対策とともに、類題に取り組むなどして、慣れておくとよいでしょう。本問では、場面転換がない短めのお話が読み上げられます。お話を静かに最後まで聞けるかどうか、内容を理解し、覚えているかどうかといった点が観点になります。お話を聞きながら場面をイメージできていれば、最終的にたろうくんが何を選んだのか、理解できると思います。また、聞き取りながらイメージをすることにより、「誰が」「何を」「いつ」「どうした」などの基本的な情報や、「色」「数」「種類」「順番」などを理解しやすくなるので、複雑な問題にも落ち着いて回答できるようになります。当校の入試問題では、ストーリーの流れに直接関わらない情報（上記の「色」「数」「種類」「順番」など）から質問されることもあります。そのような点にも注意しましょう。

【おすすめ問題集】
１話５分の読み聞かせお話集①②、お話の記憶 初級編・中級編・上級編、
Ｊｒ・ウォッチャー19「お話の記憶」

問題２ 分野：常識

〈準備〉 赤鉛筆

〈問題〉 問題２の絵を見てください。電車の中の様子です。正しく乗っている人に○をつけてください。

〈時間〉 10秒

〈解答〉 左上（手すりにつかまって立つ女の人）、右下（座って本を読む男の人）

学習のポイント

公共の場所でのふるまい、安全に関する知識を問う「常識」問題で、当校入試における頻出分野の１つです。小学校に上がると子どもだけで行動することが多くなりますが、特に当校のような（遠方の）国立・私立小学校へ通うようになると、道路を歩くのも公共交通機関を利用するのも子どもだけでということになります。お子さま自身やお友だちの身を危険にさらさないためにも、安全に関する知識は必須です。こうしたことは、机上の学習で教え込むのではなく、ふだんの生活のなかでその都度、教えるようにしてください。その際も、「ああしなさい・こうしなさい」「あれはダメ・これもダメ」と一方的に伝えるだけでは、なかなか身に付くものではありません。理由や、そうしなかった場合に予想されることなどとともに、伝えるようにしましょう。まずは保護者の方自身が実践し、お子さまのお手本となるよう心がけましょう。

【おすすめ問題集】
Ｊｒ・ウォッチャー12「日常生活」、56「マナーとルール」

問題3　分野：常識

〈準備〉　赤鉛筆

〈問題〉　問題3の絵を見てください。正しく遊んでいる絵に○をつけてください。

〈時間〉　10秒

〈解答〉　右上（シーソー）、右下（おおなわとび）

学習のポイント

マナー・ルールに関する常識の問題は、当校で例年出題されている頻出分野です。してはいけないことの理由には、①ほかの人が嫌な思いをする（迷惑）、②みんなと一緒の行動がとれていない（勝手）、③大きな事故やケガにつながる（危険）の３つがあります。それぞれの絵に対して、「この場面では何が良いのか」「この場面では何がいけないのか」を１つひとつ言葉にして確認していきましょう。教材などで学んだことが実体験とつながると、知識はしっかりと定着します。ご家庭のなかでも、外に出たときでも、良い振る舞いをしている人を見かけたら、お手本にするように促していくとよいでしょう。

【おすすめ問題集】
Ｊｒ・ウォッチャー12「日常生活」、56「マナーとルール」

問題4　分野：図形

〈準備〉　赤鉛筆

〈問題〉　この問題は問題１のお話を参考にしてください。
問題4の絵を見てください。たろうくんとひろしくんが作ったパズルで、上の絵と同じ車ができるものを選んで、○をつけてください。

〈時間〉　10秒

〈解答〉　右下

学習のポイント

それぞれの要素について、上の絵と見比べていきます。形、色だけでなく、余分なものはないか、要素はすべて揃っているかということにも気を付けましょう。問題の絵はそれほど複雑なものではありませんので、年齢相応の観察力があれば、難しいことはないでしょう。当校に限らず多くの学校が、入試において「図形」の問題を出題し、子どもの「観察力」の発達の度合いを観ています。観察力を伸ばすためには、たとえば身の回りのものをよく観て写実的に描く「スケッチ」や、好きなキャラクターの絵の「模写」などがよいでしょう。対象を積極的に観るという経験を繰り返すことにより、観察力が鍛えられます。保護者の方も一緒に行い、お子さまとともに「発見」を楽しむようにするとよいでしょう。

【おすすめ問題集】
Ｊｒ・ウォッチャー９「合成」、45「図形分割」、54「図形の構成」

問題5　分野：記憶

〈準備〉　赤鉛筆

〈問題〉　この問題は問題１のお話を参考にしてください。
問題５の絵を見てください。たろうくんとひろしくんが車を作るときに使った道具が描いてあります。正しい順番で並んでいるものを選んで、右の四角に○をつけてください。

〈時間〉　10秒

〈解答〉　真ん中（鉛筆（色鉛筆）→はさみ→鉛筆（色鉛筆）→のり）

学習のポイント

お話で使われた順番の通りに道具が並んでいる絵を選ぶ問題です。出かけた場所や遊んだ道具の順番を問うものなどが、類似の問題としてよく出題されています。３～４つ程度の順番を覚える練習を、ふだんからしておくと良いでしょう。本問では、たろうくんとひろしくんが車を完成させるまでの手順を問われています。描く→切り取る→塗る→貼り合わせる、という順番を、頭の中でイメージしながら聞くことができれば、それらの手順に用いられた道具も、自ずと判断できます。

【おすすめ問題集】
Ｊｒ・ウォッチャー19「お話の記憶」、20「見る記憶・聴く記憶」

問題6　分野：常識

〈準備〉　赤鉛筆

〈問題〉　この問題は問題１のお話を参考にしてください。
問題６の絵を見てください。このお話と同じ季節の絵に○をつけてください。

〈時間〉　10秒

〈解答〉　左上（冬眠）、右下（餅つき）

学習のポイント

四季の区別ができているか、それぞれの季節の代表的な行事や植物、生き物の習性など、年齢相応の知識が備わっているかを観られています。常識問題では、生活常識やマナー、昔話や童謡などから出題される場合もありますが、当校入試ではここ数年続けて、季節に関連した問題が出題されています。最近では季節の行事が行われなかったり、食べ物も旬を気にせず１年中手に入るため、季節感が感じにくくなっています。季節のものに触れることが難しい場合は、図鑑やインターネットなどのメディアも活用し、知識を増やしていくと良いでしょう。

【おすすめ問題集】
Ｊｒ・ウォッチャー34「季節」

問題7　分野：巧緻性

〈準 備〉　はさみ

〈問 題〉　（問題7の絵を渡す）点線のところをはさみで切ってください。

〈時 間〉　10秒

〈解 答〉　左端

学習のポイント

このような巧緻性の問題において、はさみの使い方には注意が必要です。刃先を人に向けたり、はさみを振り回したりなど、使い方次第ではその時点で不合格になることもあるため、気をつけてください。また、はさみは、刃の先端で切っていてもなかなか上達しません。練習する際は、厚紙を使うようにするとよいでしょう。はさみで厚紙を切る場合、紙を動かしながら刃の全体を使わないと切ることができないため、練習には最適です。作品が完成した後は、ゴミの片付けや備品の扱い方について観られます。はさみの刃が出たままになっていないか、紙くずが散らかっていないかなど、注意深く確認しましょう。本問に限らず、制作や絵画の課題ではゴミの片付を指示されないことが多くあります。普段の遊びや練習を通して習慣づけておくようにしましょう。

【おすすめ問題集】
Ｊｒ・ウォッチャー23「切る・貼る・塗る」、実践 ゆびさきトレーニング①②

問題8　分野：巧緻性

〈準 備〉　クレヨン（橙色）

〈問 題〉　（問題8の絵を渡す）葉っぱの絵を橙色のクレヨンでていねいに塗ってください。

〈時 間〉　２分

〈解 答〉　省略

学習のポイント

絵からはみ出さないように色を塗る巧緻性の問題です。指示にもあるとおり、作業のていねいさが観られています。絵の真ん中から外側へ向かって色を塗り始めると、隅の方は塗り残しが多くなりがちです。最初に、絵の線に沿って縁取りをするように、隅の方を塗っておくと、塗り残しが少なくきれいに塗ることができます。こうしたテクニックは、お絵かき遊びや類題の練習の際に、お子さまに指導しておくとよいでしょう。前問と同じく、使用するクレヨンの使い方に慣れておくことや、正しい姿勢で紙と筆記用具を扱えているかをチェックし、上手くできない作業があれば、練習しておきましょう。

【おすすめ問題集】
Ｊｒ・ウォッチャー23「切る・貼る・塗る」、実践 ゆびさきトレーニング①②

問題9　分野：巧緻性

〈準備〉　サインペン（赤）

〈問題〉　（問題9の絵を渡す）★から☆までの点線の上を、赤色のサインペンでなぞってください。

〈時間〉　2分

〈解答〉　省略

学習のポイント

巧緻性の問題です。枠にぶつからないように気を付けながら、直線や曲線をなぞります。当校の入試では頻出の問題ですから、あらかじめサインペンを使って、線を引けるように練習しておくと良いでしょう。線を引く場合、ペン先と終点の両方を見ながら手を動かすことを意識しましょう。ペン先だけを見てしまった場合、線をどちらに向かって引かなければならないかが定まらず、歪んでしまいがちです。ペン先と目標となる終点を両方見ることによって、線を引いている途中でも細かな修正ができ、結果として歪みの少ない線を引くことができます。サインペンで書いた線は、鉛筆のように消して書き直すことができません。ペンの使い方や目配りの仕方以外に、机に向かう姿勢なども、本番までにしっかり練習しておきましょう。

【おすすめ問題集】
Ｊｒ・ウォッチャー23「切る・貼る・塗る」、実践 ゆびさきトレーニング①②

問題10　分野：座標

〈準備〉　丸形の紙　白・黒複数枚（問題10－3の絵を切り取ったもの）

〈問題〉　問題10－1の絵を見て、問題10－2の四角の中に、同じように丸形の紙をおいてください。

〈時間〉　30秒

〈解答〉　省略

学習のポイント

白・黒それぞれの丸い紙を見本の通りに配置する問題です。マス目が4×7と少なく、基準となる☆マークも設置されていることから、問題自体の難易度は易しい部類と言えます。しっかりと正答できるようにしましょう。また、実際の試験では本問よりも難易度の高い状態での出題が考えられます。発展系の問題にも挑戦してみましょう。発展系の類題として、見本の白・黒を反転させるものや、位置の回転・反転、単純にマス目や配置するものの数が多いものなどが考えられます。これらは全て、市販のオセロゲームを用いて練習することができます。座標の問題が苦手な場合や、繰り返し練習したい場合におすすめです。

【おすすめ問題集】
Ｊｒ・ウォッチャー2「座標」

問題11　分野：行動観察

〈準備〉　ビブス（赤、黄色）、大きめのハンカチ
20cm四方のカード（1～3人の人の顔が描かれている）
紙コップ、〇型のシール（大小複数枚）、公園の絵が描かれた模造紙

〈問題〉　この問題の絵はありません。
（行動観察に入る前にイチゴチームと、レモンチームに分かれる。1チーム12名で、行動観察課題中はこのメンバーで行動する。イチゴチームは赤色のビブス、レモンチームには黄色のビブスを身に着ける。大きなハンカチを三角に折り、三角が前に来るように首に巻く。巻けるまでやるように指示がある。行動観察の課題終了後は、畳んで箱の中にかたづける。）

・カードめくりゲーム
顔が描かれたカードを裏返します。カードに描かれた顔が1つの時は1人で、2つの時は2人で、3つの時は3人で裏返します。先に全てのカードを裏返したチームの勝ちです。

・動物・人形作り
紙コップにシールを貼って、人形や動物の顔を作ってください。

・人形遊び
（公園の絵が描かれた模造紙を広げる）紙コップで作った人形（動物）を使って、お話をしながら人形遊びをしましょう。

〈時間〉　適宜

〈解答〉　省略

学習のポイント

集団遊びを通した行動観察です。指示を理解して、その指示どおりに行動できるかや、お子さまの積極性・協調性などが観られます。集団での遊びという楽しい雰囲気の中でも、はしゃぎすぎて指示を聞くことができなかったり、指示されたルールを破ってしまったりということがないようにしましょう。また、はじめて会ったお友だちと集まって相談したり、協力して作業を行なったりという場面があります。積極的に自分の意見を出すとともに、お友だちの意見も聞いて話し合うという態度が理想ですが、知らない人たちの中で、「悪目立ち」することなく常識的な行動が取れる、という程度でも評価としては十分でしょう。お友だちとの遊びの中で、他者とのコミュニケーションの取り方を学んでいけるよう、ふだんから注意して見守ってください。また、問題のある行動を取った際には、必ず理由を説明しながら指導していきましょう。お子さまの理解度が変わってきます。

【おすすめ問題集】
Ｊｒ・ウォッチャー29「行動観察」、新 運動テスト問題集

問題12　分野：面接（受験者・保護者）

〈準 備〉　道のパズル、おもちゃ（ヒヨコ、リス、サッカーボール、花、椰子の木）

〈問 題〉　**この問題の絵はありません。**

保護者へ

- 通学の安全のため、ご家庭で公共のマナーや交通ルールをどのように指導されてますか。
- 通学の安全指導のため、保護者の方に年５～６回通学路に立っていただいておりますが、ご協力いただけますか。
- 遠方からの児童が多く、友達作りが難しいと思いますが、どのようにお考えですか。
- 早寝早起き、挨拶など、ご家庭ではどのように心がけておられますか。
- ご家庭で基本的生活習慣はどのようにされていますか。
- 家庭学習をしていただけますか。
- 附属中学校へは、希望者全員が進学できるとは限りませんが、ご理解いただけますか。
- 私立中学校進学のための授業は行っておりませんが、ご了承いただけますか。
- 本校の教育目標「ひとりで考え、人と学び、最後までやり抜く子」という教育目標に賛同していただけますか。
- 学校の教育に保護者も参画していただきますが、ご協力いただけますか。

受験者へ（立ったまま行われる）

（机の上に道のパズルとおもちゃがおいてある）

- 家から学校まで置いてあるパズルを使って、楽しく学校まで行ける道を作りましょう。最初に先生が置きます。それから交互に道のパズルを置いて、学校までの道を作りましょう。
- できあがった道の周りにおもちゃをおいて、楽しい街を作りましょう。最初に先生が「ヒヨコ」をおきます。次におくものを、残りのおもちゃの中から選んで、好きなところにおいてください。（おいた後）どうしてこれを選んだのか、お話ししてください。
- 「信号に気をつける」「周りをよく見る」「横断歩道を正しく渡る」の中で、1番気をつけようと思う交通ルールはどれですか。それはどうしてですか。
- 小学校のお兄さん、お姉さんとどんなことをしてみたいですか。
- あなたの宝物は何ですか。

〈時 間〉　適宜

〈解 答〉　省略

家庭学習のコツ①　「先輩ママのアドバイス」を読みましょう！

本書冒頭の「先輩ママのアドバイス」には、実際に試験を経験された方の貴重なお話が掲載されています。対策学習への取り組み方だけでなく、試験場の雰囲気や会場での過ごし方、お子さまの健康管理、家庭学習の方法など、さまざまなことがらについてのアドバイスもあります。先輩ママの体験談、アドバイスに学び、ステップアップを図りましょう！

学習のポイント

保護者面接です。本校では保護者・志願者が同時に入室しますが、室内で別のテーブルに分かれ、保護者様には面接、志願者には口頭試問が行われます。時間は５分前後と短く、回答に対し積極的に追加の質問がされるようなことはないようです。質問内容は大きく「家庭におけるお子さまの教育について」と「入学後の、当校が行なう教育・行事への協力の可否」の２つに分けられます。当校についてよく調べ、家庭で話し合い、質問にどのように答えるか、明確な指針を持っておく必要があります。大げさな教育論や学校の要求に全面的に従うことでなくても構いません。日頃はどのような考えを持ってお子さまに接し、躾をしているのかや、置かれた環境から、どの程度まで学校の要請に対し協力が可能かなど、相手にわかるように語ることができればよいでしょう。また、他人と話す時には声の出し方にも注意しましょう。「少し大きいかな」と思うくらいの大きさ、「少し遅いかな」と思うくらいのテンポで話すと、案外相手にとっては聞き取りやすい大きさ・テンポとなります。ふだんから、そのような声の大きさやテンポで会話するよう心がけておきましょう。

【おすすめ問題集】
新 小学校受験の入試面接Ｑ＆Ａ、面接テスト問題集、面接最強マニュアル
新 口頭試問・個別テスト問題集、新ノンペーパーテスト問題集

家庭学習のコツ②　**「家庭学習ガイド」はママの味方！**

問題演習を始める前に、試験の概要をまとめた「家庭学習ガイド（本書カラーページに掲載）」を読みましょう。「家庭学習ガイド」には、応募者数や試験課目の詳細のほか、学習を進める上で重要な情報が掲載されています。それらの情報で入試の傾向をつかみ、学習の方針を立ててから、対策学習を始めてください。

◎学習効果を上げるため、前掲の「家庭学習ガイド」及び「合格のためのアドバイス」をお読みになり、各校が実施する入試の出題傾向を、良く把握した上で問題に取り組んでください。
※冒頭の「本書ご使用方法」「ご使用にあたっての注意点」も併せてご覧ください。

2022年度以前の問題

問題13　分野：お話の記憶

〈準備〉　赤鉛筆

〈問題〉　たろう君は、お友だちと公園で遊ぶ約束をしました。まず、家から公園へ行くのに電車に乗ります。駅で待っていると、はじめにチョウチョ模様の電車が来ましたが、乗りませんでした。次に、テントウムシの模様が付いた電車が来たので、乗りました。駅に着き、次にゾウの模様がついた車に乗り換えました。乗っているとき、たろう君は車の中でキツネを見ました。公園に着くと、お友だちが待っていました。たろう君は、ロケットのおもちゃを持って行きましたが、途中で落としてしまいました。公園にはきれいな花が咲いていました。たろう君は、お友だちと一緒に、シーソーとすべり台で遊びました。遊んだ後、次は、図書館に行きました。たろう君は、図書館でジュースをこぼしてしまいました。そこで、掃除をしました。まず、周りをほうきで掃いて、ごみをちりとりで取りました。その後、バケツを持ってきて、雑巾で拭きました。しばらくすると、暗くなったので、お家に帰りました。たろう君のお母さんは、たろう君のカバンに穴が開いていることに気がつきました。たろう君は、お母さんが作ってくれたおにぎりを食べました。おにぎりを食べた後、空を見ると、流れ星が見えました。

たろう君が乗ったものは何ですか。○をつけてください。

〈時間〉　20秒

〈解答〉　右上（テントウムシの模様がついた電車）、左上（ゾウの模様がついた車）

[2022年度出題]

学習のポイント

当校の入試問題の特徴として、１つのお話の中で「記憶」「図形」「常識」「巧緻性」などさまざまな分野の問題が連続して出題されることが挙げられます。例年、この方式で出題されていますので、しっかりと対策を講じる必要があります。お話は短く、また日常的な内容がテーマとなっているので、極端に難しいものが出題されるとはあまり考えられません。落ち着いて話を聞く練習をしておくとよいでしょう。記憶分野ではお話の内容そのものを問われますが、他の分野の出題内容はお話の内容そのものではなく、お話の中で出てきた行動やものについて問う問題が多く見られます。この問題の特徴は、さまざまな動物や昆虫の名前が挙げられ、少しひっかけのようなお話が前提となることでしょう。集中して聞いていれば問題なく解答できると思いますが、お子さまが悩んでいる様子が見られた場合は、まずお子さまが何を忘れてしまったのか、何を覚えているのかなども確認しつつ、一緒にお話を振り返ってみるとよいでしょう。

【おすすめ問題集】
　１話５分の読み聞かせお話集①・②、お話の記憶 初級編・中級編、
　Ｊｒ・ウォッチャー19「お話の記憶」

問題14　分野：図形（合成）

〈準備〉　赤鉛筆

〈問題〉　この問題の絵は縦に使用してください。
この問題は問題13のお話を参考にしてください。
見本のロケットと同じものを作ります。
同じロケットが作れるものはどれですか。○をつけてください。

〈時間〉　1分

〈解答〉　一番上

［2022年度出題］

学習のポイント

図形の形をぼんやりと見ていないでしょうか。しっかりと特徴を捉え、その形のものが揃っているかどうか確かめられるかどうか、という点を重視している問題です。大人であれば、長方形、正方形、正三角形、扇形などといった言葉で表現して、認識することができますが、お子さまは1つひとつ確認していかなければならず、難しい問題かと思います。数を減らして、まずは基本となる図形の形を覚えることから始めるとよいでしょう。正方形と長方形など、極端に形が違うわけではない四角形同士などに関しては、お子さまがわかりやすいように実際の形を見せるとよいでしょう。

【おすすめ問題集】
Ｊｒ・ウォッチャー6「合成」、45「図形分割」

問題15　分野：常識（季節）

〈準備〉　赤鉛筆

〈問題〉　この問題は問題13のお話を参考にしてください。
春の花はどれですか。○をつけてください。

〈時間〉　20秒

〈解答〉　右下（さくら）

［2022年度出題］

学習のポイント

季節の花、と言われて、どの程度お子さまが答えられるでしょうか。理科の知識として、春夏秋冬の代表的な植物についてはしっかり身につけておく必要があります。本問のように「さくら、ひまわり、コスモス、チューリップ」のような身近な植物に関しては、実物を見ることも重要です。春はうめやタンポポの花、夏はアサガオの花、秋はどんぐりやススキや紅葉、冬はタンポポのロゼットやツバキなど、公園や家の花壇などで植物を観察する機会を作るとよいでしょう。また、同時に、花の色や葉の形など、付随する情報も一緒に学んでいくようにすると、知識の幅が広がり、好奇心の刺激にもつながります。

【おすすめ問題集】
Ｊｒ・ウォッチャー27「理科」、34「季節」、55「理科②」

問題16　分野：常識（マナー）

〈準備〉　赤鉛筆

〈問題〉　この問題は問題13のお話を参考にしてください。
遊具を安全に利用して遊んでいるのはどれですか。○をつけてください。

〈時間〉　20秒

〈解答〉　シーソー

［2022年度出題］

学習のポイント

公園の遊具の使い方、お友だちと一緒に遊ぶ際の注意事項などを問う問題です。当校では常識分野の出題が非常に多く、普段からさまざまな部分に関心を持っているかといった点が重要視されていると考えられます。正解することももちろん大切ですが、お子さまがしっかりと「なぜマナー違反なのか」を理解できているか、一つひとつ確認しましょう。理解できていないようであれば、実際に場所に行ったり、実物を見たりして、保護者の方がていねいに説明しましょう。幼稚園や保育園での普段の様子など、保護者の方の目の届かないところでどのように生活しているか、周りの大人の方に聞いておくことも大切です。

【おすすめ問題集】

Ｊｒ・ウォッチャー29「行動観察」、56「マナーとルール」

問題17　分野：常識（マナー）

〈準備〉　赤鉛筆

〈問題〉　この問題は問題13のお話を参考にしてください。
正しく図書館を利用しているのは誰ですか。○をつけてください。

〈時間〉　20秒

〈解答〉　下図参照

［2022年度出題］

学習のポイント

図書館の利用の仕方について問う問題です。一緒に図書館に行った経験があるかないか、という点も大きな差になるでしょう。ぜひ社会勉強という点でも、また本に親しむ、という点でも、お子さまと図書館を利用し、実際の雰囲気を体験できるとよいでしょう。静かにする場所というのは何となく理解しているお子さまも多いですが、自宅での指導次第では、本を破ったり書き込んだりしてしまうお子さまもいます。普段からものを大切に使うことをしっかりと指導しておく必要があるでしょう。
※手前の左から２番目の女の子は、「姿勢が悪い」という点で誤りではないかというご意見がありましたが、マナー違反はしていないという解釈でここでは正解としています。

【おすすめ問題集】
Ｊｒ・ウォッチャー29「行動観察」、56「マナーとルール」

問題18　分野：お話の記憶

〈準備〉　赤鉛筆

〈問題〉　**この問題は問題13のお話を参考にしてください。**
道具が使った順に並んでいるのはどれですか。右端の四角に○をつけてください。

〈時間〉　20秒

〈解答〉　一番下（ほうき→ちりとり→雑巾→バケツ）
もしくは、下から２番目（ほうき→ちりとり→バケツ→雑巾）

［2022年度出題］

学習のポイント

短いお話の中に、掃除用具が４点挙げられ、使用した順番が問われています。絵を見て、それぞれが何を指しているか名前がわかっていることを前提として、どのように使うのか、どのような掃除に有効なのか、という点まで知っておくことで正解にたどり着けます。大掃除やお手伝いなどで、いろいろな場所をさまざまな掃除用具できれいにする体験をお子さまとしておくとよいでしょう。本問では、「バケツを持ってきて、雑巾で拭きました」というお話での名称が出てくる順番と、実際の使用順（雑巾で拭き、バケツですすぐ）が逆転しています。これを理解できているかは、やはり日常生活の中でどれだけ経験しているかの差が出る部分でしょう。お子さま自身がどのように解釈したか、という説明がしっかりとできていた場合は、下から２番目の解答も正解としてよいでしょう。

【おすすめ問題集】
１話５分の読み聞かせお話集①②、お話の記憶 初級編・中級編、
Ｊｒ・ウォッチャー12「日常生活」、19「お話の記憶」、30「生活習慣」

問題19　分野：巧緻性（シール貼り）

〈準備〉　黒色のシール２枚（イラストの円が隠せる程度の大きさ）

〈問題〉　**この問題は問題13のお話を参考にしてください。**
２つのカバンの穴をふさぐように、黒色のシールを貼ってください。

〈時間〉　45秒

〈解答〉　省略

［2022年度出題］

学習のポイント

シールを貼って穴をふさぐ、という巧緻性の問題でした。問題自体は難しくありませんが、お子さまの指で小さいシールを綺麗にはがして貼る、という作業自体の難易度はかなり高いものです。類題で慣れておく必要がありますが、日常生活においても細やかな指使いの練習はしておくとよいでしょう。また、シールをはがした後の台紙はどのように処理をしたでしょうか。そのまま机の上に置いたままにするのはよくありません。入試では、このような片付けるところまで観られていますが、問題では指示されないことがほとんどです。日頃から片付けの習慣をつけ、本番で自然にできるとよいでしょう。

【おすすめ問題集】
実践 ゆびさきトレーニング①・②・③
Ｊｒ・ウォッチャー23「切る・貼る・塗る」

問題20　分野：巧緻性（塗る）

〈準備〉　クレヨン（橙）

〈問題〉　**この問題は問題13のお話を参考にしてください。**
おにぎりの絵を、白いところがないようにていねいに塗ってください。

〈時間〉　２分

〈解答〉　省略

［2022年度出題］

学習のポイント

指定された範囲を塗りつぶす問題です。「ていねいに塗ってください」という指示があるため、大きくはみ出したりすると減点対象となります。縁取りをしてから塗る、という方法が最も一般的で一番きれいに塗りつぶすことができるでしょう。また、クレヨンを使うため力加減が難しく、すぐ折ってしまうお子さまもいるかもしれません。普段から文字の練習するのは鉛筆やマーカーペンになると思いますが、さまざまな筆記具に慣れ、正しい持ち方ができるように指導しましょう。

【おすすめ問題集】
実践 ゆびさきトレーニング①・②・③
Ｊｒ・ウォッチャー23「切る・貼る・塗る」

問題21　分野：巧緻性（運筆）

〈準備〉　サインペン（赤）

〈問題〉　**この問題は問題13のお話を参考にしてください。**
流れ星をなぞります。☆から★まで、点線の上をなぞってください。

〈時間〉　1分

〈解答〉　省略

［2022年度出題］

学習のポイント

点線をなぞる問題です。運筆の問題としては一般的なもので、前問と共通して問われるのは集中して問題に取り組めているか、という点と、正しい持ち方で筆記具を使用できているか、という点です。日頃から学習の際に線を引く機会は多いと思いますが、なぞり書きをする機会はあまり多くはないでしょう。なぞり書きは、お手本が印刷されているため、かえってはみ出してしまうと目立つようになります。本問ははみ出しても問題ないとされている範囲が比較的大きめに設定されていますが、家庭での練習時は可能な限りはみ出さずになぞる練習を行ってください。

【おすすめ問題集】
Ｊｒ・ウォッチャー51「運筆①」、52「運筆②」

問題22　分野：図形（パズル）

〈準備〉　22-2の形を、線に沿って切り取り、22-1と一緒に渡す。

〈問題〉　この形を使って、描かれている形にぴったり収まるように、組み合わせてください。

〈時間〉　1分

〈解答〉　下図参照

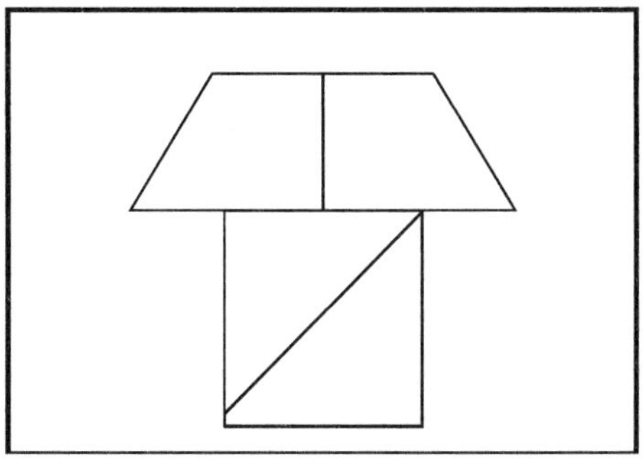

［2022年度出題］

学習のポイント

特定の図形を作るために使用するパズルを選ぶ問題です。目標となる図形の特徴をとらえ、まずはその部分を埋めてから残りの部分を組み合わせていくとよいでしょう。本問であれば、まずは上の尖っている部分を台形２つで作ることで、下の四角の部分を三角形２つで埋めるという発想にいたることができるでしょう。正方形がひとつ余りますが、普段からパズルや積み木などで形を作る感覚が磨かれていると、図形はすべて使わない、ということに早く気付くことができます。日常生活の遊びの中に学習を取り入れることが、当校の対策として最も有効でしょう。

【おすすめ問題集】

Ｊｒ・ウォッチャー３「パズル」、45「図形分割」、54「図形の構成」

問題23　分野：行動観察（集団行動）

〈準 備〉　ビブス（ゼッケン）、大きめのハンカチ、音楽が鳴らせるもの、カード（イヌ、サル、ゾウ、トラ、ネコ、ライオン、ロケット、ロボット等）、しゃもじ、スポンジ、ボール、クッション、バドミントンの羽

〈問 題〉　この問題の絵はありません。

イチゴチームとレモンチームに分かれます。

・イチゴチームは赤色、レモンチームは黄色のビブスを身につけてください。大きなハンカチを三角に折り、三角が前に来るようにして首に巻いてください。

・「ジェスチャーゲーム」（各チーム６人、計12人のグループで実施）
イチゴチームとレモンチームそれぞれでカードをめくる順番を決めます。カードを床に並べ、音楽が鳴っている間はカードの周りをみんなで歩いてください。音楽が止まったら、カードをめくる人が一枚だけカードをめくり、他の人に見せます。全員に見せたら、全員で絵の真似をしてください。

・「しゃもじ運び」（各チーム６人、計12人のグループで実施）
１人１つずつしゃもじを持ちます。チームで協力して、スポンジ、ボール、クッション、バドミントンの羽をかごまで運んでください。

〈時 間〉　適宜

〈解 答〉　省略

［2022年度出題］

学習のポイント

課題は競争であったりゲームという名前であったり、いかにも速さを競うと思われますが、勝ち負けは基本的に採点には関係ありません。もっとも、余りにも遅いのは問題がありますが、行動観察はその名前の通り、どんな行動をするのかを観察することが目的ですから、協調性や積極性があるお子さまが採点の際に好印象となります。指導する側から見てどのような態度、姿勢が好ましいかを保護者の方が考えてお子さまにどのように行動するかを指導しておけば、よほどのことをしない限り、問題になることはありません。お子さまには無理に「～～しなさい」と指導するよりは、普段通りに先生の話を聞き、お友だちと協力して楽しむように指導するとお子さまの良さが伝わるでしょう。

【おすすめ問題集】

　Ｊｒ・ウォッチャー29「行動観察」

家庭学習のコツ③　効果的な学習方法～問題集を通読する

過去問題集を始めるにあたり、いきなり問題に取り組んではいませんか？　それでは本書を有効活用しているとは言えません。まず、保護者の方が、すべてを一通り読み、当校の傾向、ポイント、問題のアドバイスを頭に入れてください。そうすることにより、保護者の方の指導力がアップします。また、日常生活のさまざまなことから、保護者の方自身が「作問」することができるようになっていきます。

問題24　分野：面接（志願者面接・保護者面接）

〈準備〉　ヒツジの人形、橋のある山道が描いてある紙
山道の途中にリス、コウモリ、スズメ、ゾウを描き、机の上に置く。

〈問題〉　この問題の絵はありません。
保護者・志願者が揃って面接会場に入室する。
志願者に名前などの質問があった後、志願者は後ろの机に移動する。

【保護者への質問】
①通学の安全指導のため、保護者に年5～6回通学路に立っていただきます。協力は可能ですか。
②交通ルール、公共マナーについて、家庭でどのような指導をしていますか。
③附属中学校へは、希望者全員が進学できるとは限りませんが、その点は理解した上での志願ですか。
④私立中学校進学のための授業・指導は行っていませんが、そのことは理解した上での志願ですか。
⑤当校の教育目標についての感想をお聞かせください。
⑥学校行事など、保護者の方に協力をお願いすることが多くなりますが、ご理解いただけますか。
⑦学校の教育（授業）にも参加していただくことになりますが、ご理解いただけますか。
⑧当校をよりよくするため、ご意見をいただけますか。
⑨早寝・早起き、あいさつなど、基本的な生活習慣について、ご家庭ではどのように心がけていますか。

【志願者への質問】（立ったままの面接）
①机の上を見てください。ここにヒツジさんがいます。ヒツジさんは山へ遊びに行きます。先生と一緒にヒツジさんを動かし、色々な動物に出会って道具をもらいながら頂上に進んでいきましょう。（リスから野球帽、コウモリからコップに入った水、スズメからうちわ、ゾウからメガネをもらう。）
②ヒツジさんが橋を渡ろうとして、怖がっています。何と言ってあげますか。
③山の頂上に着きました。ヒツジさんは暑くて困っています。もらった道具の中で、何を、どのように使うとよいでしょう。
④小学校ではどんな勉強をしたいですか。
⑤家で気をつけていることは何ですか。
⑥小学校では『忘れ物をしないように気を付ける』『お兄ちゃん、お姉ちゃんとダンスを作る』『体育』の中で、あなたはどれを頑張りたいですか。
⑦雨が降ってきたので、部屋の中で遊びます。おもちゃを使う時、気をつけることはなんですか。
⑧幼稚園での決まりごとは何ですか。

志願者と合流し、退出する。
その後、中央玄関にて受験票と保護者票を回収箱に返却し、終了。

〈時間〉　適宜

〈解答〉　省略

［2022年度出題］

学習のポイント

例年通り、志望理由、教育方針、お子さまの性格について聞かれています。保護者の方に学校行事への参加が可能なのか、といったストレートな質問も多いので、どのように答えるのかを保護者同士で打ち合わせておいた方がよいでしょう。入学意欲を見せる回答をしてください。また、志願者面接は、どちらかというと口頭試問に近い形で行われます。落ち着いて答えることができるように、普段から対策をとっておく必要があります。頭で考えたことを口に出して相手に伝わるように話す、といった基本的なことを、しっかりとできるように指導してください。

【おすすめ問題集】

新 小学校受験の入試面接Ｑ＆Ａ、保護者のための面接最強マニュアル、
家庭で行う面接テスト問題集、新 口頭試問・個別テスト問題集、
新 ノンペーパーテスト問題集

問題25　分野：お話の記憶

〈準備〉　赤鉛筆

〈問題〉　ぼくは公園に行って、ジャングルジムとすべり台で遊びました。公園から帰る途中の道に信号がありました。ぼくは青信号になるのを待って横断歩道を渡りました。公園から帰るとお母さんが「今日はお月見だけど、おやつはドーナツね」と、言ってドーナツをくれました。ぼくは石鹸で手を洗ってタオルで拭いてから食べました。おやつを食べ終わると、友だちのたろう君がパズルを持って遊びに来ました。ぼくもパズルを持っていたので交換して遊びました。

ぼくが公園で遊んだのは何ですか。○をつけてください。

〈時間〉　20秒

〈解答〉　すべり台、ジャングルジム

[2021年度出題]

学習のポイント

当校の入試の特徴は１つのお話の中で、「記憶」「図形」「常識」「制作（巧緻性）」などさまざまな分野の問題が連続して出題されることです。例年、当校の入試はこの方式なので、理解しておいてください。お話は短く、ふつうに聞いていれば覚えられるはずです。落ち着いて話を聞くようにしましょう。内容についての質問は多くて２問です。ほかの分野の質問はお話の内容とほとんど関係ありません。

【おすすめ問題集】

１話５分の読み聞かせお話集①・②、お話の記憶 初級編・中級編、
Ｊｒ・ウォッチャー19「お話の記憶」

問題26 分野：常識（マナー・ルール）

〈準備〉 赤鉛筆

〈問題〉 この問題は問題25のお話を参考にしてください。
交差点で危ないことをしているのは誰ですか。○をつけてください。

〈時間〉 20秒

〈解答〉 下図参照

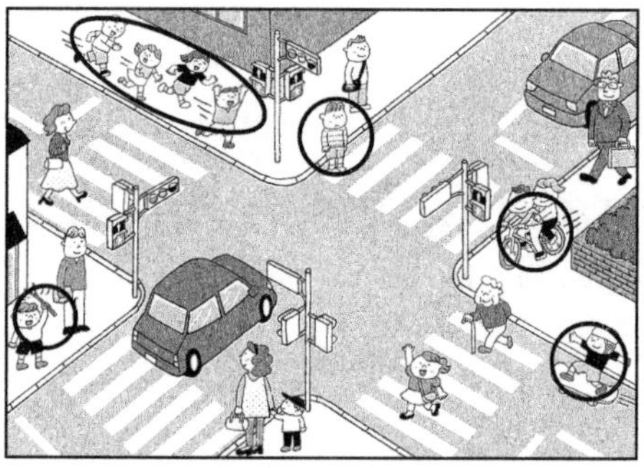

［2021年度出題］

学習のポイント

常識分野の問題は頻出です。特にこの問題のようなマナーや交通ルールに関する問題は毎年のように出題されているので注意してください。こうした常識をお子さまに覚えさせるには「なぜしてはいけないのか」という理由も説明するようにしましょう。お子さまは納得しないとこうしたことは覚えないものです。また、交通ルールやマナーはその場所や場面で、その都度説明してあげましょう。その方が理解しやすいはずです。

【おすすめ問題集】

Ｊｒ・ウォッチャー12「日常生活」、56「マナーとルール」

問題27 分野：常識（季節）

〈準備〉 赤鉛筆

〈問題〉 この問題は問題25のお話を参考にしてください。
公園にはどんなものが落ちていたでしょう。○をつけてください。

〈時間〉 20秒

〈解答〉 ○：モミジの葉、ドングリ

［2021年度出題］

学習のポイント

お話に「お月見だけど～」とあるので、答えはモミジの葉とドングリということになります。セミの抜け殻は最近では秋にも見られるかもしれませんが、小学校受験の季節では夏のものに分類されます。最近は温暖化や技術の進歩で動植物の季節感がずれているように思われる保護者の方もいらっしゃるとは思いますが、試験の際には「常識的な答え」で解答をするようにお子さまに伝えてください。

【おすすめ問題集】
　Ｊｒ・ウォッチャー34「季節」

問題28　分野：お話の記憶

〈準備〉　赤鉛筆

〈問題〉　**この問題は問題25のお話を参考にしてください。**
お話の順番通りに並んでいる絵を選んで○をつけてください。

〈時間〉　１分

〈解答〉　１番下

［2021年度出題］

学習のポイント

お話されている順番をたずねる問題なので、お話の記憶としていますが、手を洗うという行為の常識を持っていれば答えられる問題です。当校の出題傾向から見ても、記憶力を観点にしているのではなく、食事の前には手を洗う、手を洗う時はどうするのかという常識を聞いているのだと考えてよいでしょう。当校は生活常識を問う傾向が顕著な入試ですから、知識だけを身に付けるような対策学習は避けてください。

【おすすめ問題集】
　Ｊｒ・ウォッチャー12「日常生活」、56「マナーとルール」

問題29　分野：図形（パズル）

〈準備〉　赤鉛筆

〈問題〉　**この問題は問題25のお話を参考にしてください。**
上の四角に描いてあるパズルがバラバラになりました。正しく部品がある絵を下の四角から選んで○をつけてください。

〈時間〉　１分

〈解答〉　左上

［2021年度出題］

学習のポイント

パズルとしていますが、要は見本の図形を作るのに、いらない形があるものを選択肢から探す問題です。よくわからなければ、上の四角に描かれている図形を選択肢の中に探して、あれば選択肢の図形に✓を入れていきましょう。すべて✓が入ればそれが正解ということになります。できれば△がいくつある、○がいくつあると考えて、解答ができるようにしましょう。当校ではあまり出題されませんが、数量分野の問題では「だいたいいくつあるかがひと目でわかる」ということが、重要な能力の１つになります。

【おすすめ問題集】

Ｊｒ・ウォッチャー３「パズル」、54「図形の構成」

問題30　分野：巧緻性（塗り絵・線なぞり）

〈準 備〉　クレヨン（橙）、サインペン（赤）

〈問 題〉　（問題30－１の絵を渡して）
モミジの葉っぱを白いところがなくなるまでクレヨンで塗ってください。
（問題30－２の絵を渡して）
サインペンでチョウが飛んだ点線を☆から☆までなぞってください。

〈時 間〉　３分

〈解 答〉　省略

［2021年度出題］

学習のポイント

色を塗る、線をなぞるといった運筆の課題です。当校の入試では頻出していますから、あらかじめ練習をしておきましょう。線を引く課題はサインペンを使うので特に注意してください。サインペンは、適切な持ち方、角度、動かすスピード、筆圧など、鉛筆やクレヨンとは少し異なります。コツは、線を引く場合、ペン先と終点の両方が見えるので、ペン先と目標となる終点を視界に入れた状態で、手を動かすことです。線を引いている途中でも細かな修正ができ、結果として歪みの少ない線を引くことができます。

【おすすめ問題集】

Ｊｒ・ウォッチャー51「運筆①」、52「運筆②」

問題31　分野：巧緻性

〈準　備〉　ビニール袋
※あらかじめ問題31－１の絵をそれぞれ切り抜き、ドーナツの絵はビニール袋に入れ、切り抜いた皿の絵は机の上に並べておく。問題31－２、31－３の絵も机の上に並べておく。

〈問　題〉　（ドーナツの絵が入ったビニール袋を渡して）
①ビニール袋からドーナツを出し、大きなお皿（問題31－２の絵）の上に並べてください。
②ドーナツを机の上にある（切り抜いた）６枚のお皿の上に移してください。
③ドーナツを載せたお皿を太い枠線が描いてある絵の上に並べてください。その時、お皿が太線の枠に重ならないようにしてください。
④ドーナツを袋の中に戻してください。

〈時　間〉　５分

〈解　答〉　省略

〈参　考〉　③の解答例

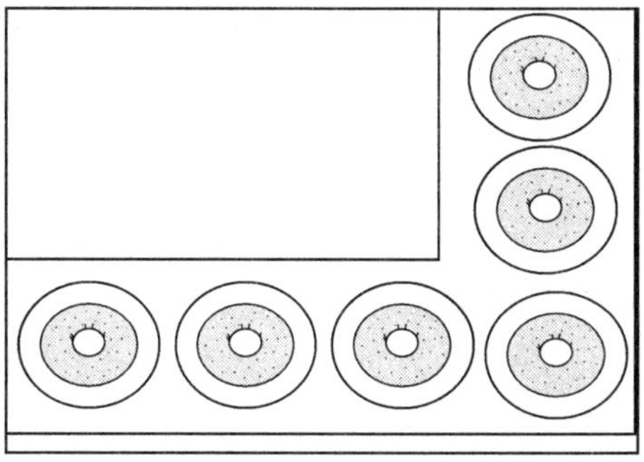

［2021年度出題］

学習のポイント

制作に近い、巧緻性の問題です。かなり指示が細かいので、よく聞き、理解してから作業を行うようにしてください。特に上図で示したように最後の課題は指先の器用さも要求される作業です。集中力を問われている問題と言えるでしょう。実際の試験では、ドーナツや皿などは実物を使って行ったので、準備できるご家庭では、ぜひ実物を使って行ってください。同じ問題が出ることはないでしょうが、似たような問題が出るかもしれません。食べものや食器の扱いなどは慣れておいた方がこういった問題には対応しやすいはずです。なお、上図は③の指示に従ってドーナツと皿を並べた時の参考図です。

【おすすめ問題集】
実践 ゆびさきトレーニング①・②・③

問題32　分野：行動観察（集団行動）

〈準備〉　風船、ドミノ（木製）、ビブス（ゼッケン）、大きめのハンカチ、ジッパー付きビニール袋、積み木（適宜）、ボール、絵カード（５cm×５cm、赤・青・緑・黄の４色、各20枚程度）、模造紙（１m×１m）、カゴ
※ビブス、ハンカチはたたんでジッパー付きビニール袋に入れておく。

〈問題〉　**この問題の絵はありません。**

・指定された色のビブスを着け、大きなハンカチを三角に折って首に巻いてください。ほどけたら結び直してください。

・「模倣体操」（12人のグループで実施）
「やま」～両手を上げて頭の上で三角形を作り、足を横に広げる。
「いわ」～両手を握って胸の前につけ、しゃがむ。
練習の後、テスターの指示でどちらかの動作をランダムに繰り返す。「先生が『やま』と言ったら『いわ』のポーズを取ってください」といった指示もあります。

・「ボウリングゲーム」（６人のグループで実施）
３人ずつのチームになり、対抗戦を行う。積み木をボウリングのピンに見立てて、ボールを投げる。積み木の組み方はは２・３・５個の３種類。相談して、ボールを投げる人、ピンを直す人の役割分担をし、投げる度に交代する。「やめ」という指示あるまで続ける。

・「絵カードで絵を描く」（12人のグループで実施）
６人のグループになり、相談してから模造紙（白）の上に絵カード（〈準備〉参照）を並べて１枚の絵を作る。

・ビブス、ハンカチを元通りにたたんで、カゴの中にしまいましょう。

〈時間〉　適宜

〈解答〉　省略

［2021年度出題］

学習のポイント

集団遊びを通した行動観察です。指示を理解して、その指示通りに行動できるか、積極性・協調性があるかどうかなどが観られます。集団での遊びという楽しい雰囲気の中でも、はしゃぎすぎて指示を聞くことができなかったり、指示されたルールを破ってしまったりということがないようにしましょう。また、はじめて会ったお友だちと集まって相談したり、協力して作業を行なったりという場面があります。積極的に自分の意見を出すとともに、お友だちの意見も聞いて話し合うという協調の態度が理想ですが、知らない人たちの中で、「悪目立ち」することなく常識的な行動が取れる、という程度でも評価としては充分でしょう。お友だちとの遊びの中で、他者とのコミュニケーションの取り方を学んでいけるように、ふだんから注意して見守ってください。

【おすすめ問題集】
Ｊｒ・ウォッチャー28「運動」、29「行動観察」、新 運動テスト問題集

問題33　分野：口頭試問

〈準備〉　鍵（３個）
あらかじめ問題33－１の絵を線に沿って切り分け、カードを作っておく。

〈問題〉　（問題33－１のカードを伏せて並べ、33－２の絵を志願者の前に置く）

①（問題33－２の左の絵を見せながら）パンダは宝箱を開けたがっています。わたしとあなたでカードを交互に引いて、カードに描いてある動物が違った時には鍵が１つもらえます。それでは、あなたからカードをめくってください。
②（カードを交互にめくり、宝箱の鍵をもらったあとで）
パンダは宝箱が全部開かなくて残念そうです。（問題33－２の右側の絵を見せて）この中からパンダが元気になるものを選んで、あげてください。（選んだあとで）なぜそれをあげるのですか。

①②を行った後、以下のような質問をする。
・小学生になったらやりたいことはなんですか。
・大きくなったら何になりたいですか

〈時間〉　５分程度

〈解答〉　省略

［2021年度出題］

学習のポイント

保護者面接と同時に行われる、志願者に対する口頭試問です。例年、カードを使ったものが多いようです。お子さまにもよるでしょうが、たいていは初めて出会う大人と２人きりでお話をするという状況は、かなり緊張するはずです。そうした状況に少しでも慣れることができるように、ふだんの生活の中で、お子さまがご家族以外の方とお話ができる機会を作るようにしていきましょう。同時に、お子さまのふだんの言葉遣いにも注意しましょう。「〇〇！」と、言いっぱなしの言葉遣いはぞんざいで荒っぽい印象を与えかねません。必要な箇所には「です」「ます」などをきちんとつけると、ていねいな言葉遣いになりますので、そういった点も気が付いた時は指導していきましょう。

【おすすめ問題集】
新 口頭試問・個別テスト問題集

問題34　分野：お話の記憶

〈準備〉　赤鉛筆

〈問題〉　ともきくんの今日の晩ごはんはカレーライスです。「ともきもお母さんのお手伝いをしたい！」とお母さんにお願いをして、ともきくんはサラダを作ることになりました。お母さんから「レタスをちぎって、その上にトマトを載せてね」と教えてもらい、お母さんの言う通りにしました。ともきくんは「カレーライスにともきが嫌いなニンジンを入れないでね」と言うと、お母さんはうふふと笑いました。しばらくすると、カレーライスが出来上がりました。「いただきます」とともきくんは大きく口を開けて、ひと口パクッと食べました。するとカレーライスにニンジンが入っていることに気が付きました。食事の後、ともきくんはウトウトして寝てしまいました。ともきくんは夢を見ました。夢の中で友だちの家に行って、遊んでいました。夢の中で自分の家に帰り、お部屋に戻ると、机の上にあるものが、家を出た時と変わっていました。夢から覚めると、お母さんが「今日はともきの誕生日だよね」とパズルを渡してくれました。ともきくんが前から欲しかったパズルでした。ともきくんは嬉しくて、さっそくそのパズルを並べ始めました。パズルをした後、ともきくんはいつもありがとうという気持ちでこっそりお母さんへ手紙を書くことにしました。手紙はハートの形をした紙に書き、チョウチョの絵を描きました。それをクマの形をした封筒に入れました。

ともきくんが嫌いなものに○をつけてください。

〈時間〉　20秒

〈解答〉　右から２番目（ニンジン）

［2020年度出題］

学習のポイント

当校の入試の特徴は１つのお話の中で、「記憶」「図形」「常識」「制作（巧緻性）」などさまざまな分野の問題が連続して出題されることです。例年、当校の入試はこの方式なので、お子さまも知っておいた方がよいでしょう。なお問題自体はそれほど難しいものではありません。例えば当校で出題される「お話の記憶」のお話はほかの学校と比べると、200字程度とかなり短いものになっています。お話を聞く時に「○○が○○した」ということを頭の中で整理できているかどうかです。お子さまがこのことに意識できるようにするには、日頃から保護者の方が絵本の読み聞かせなどを行いましょう。読み聞かせの途中や終わりに登場人物の服や行動など、お子さまに考えさせる質問をすることで自然と頭の中でお話を整理することが身に付きます。

【おすすめ問題集】

１話５分の読み聞かせお話集①・②、お話の記憶 初級編・中級編、
Ｊｒ・ウォッチャー19「お話の記憶」

問題35　分野：常識

〈準備〉　赤鉛筆

〈問題〉　**この問題は問題34のお話を参考にしてください。**
ともきくんはニンジンを食べた時、どんな顔をしたと思いますか。選んで○をつけてください。

〈時間〉　20秒

〈解答例〉　左から２番目（困った顔）

［2020年度出題］

学習のポイント

登場人物の気持ちを読み取る問題です。この問題のポイントは、前問のお話と関連付けて考えられるかどうかです。しっかりとお話を覚えていれば、ともきくんはニンジンが苦手ということがわかります。ですから、この問題の正解は左から２番目の困った顔になることが多いでしょう。当校の出題には、問題をまたいでお話が継続することがあるので、短い文だからといっておざなりにしないで、集中して聞くようにしましょう。ただ、この問題の場合、お話の内容を聞き取るだけでなく、登場人物がどう感じたのか、気持ちを答えなければいけません。食べているものに苦手なものが入っているとイヤな感じになる、というのはこの年齢のお子さまなら考えなくても答えられるでしょう。別の選択肢を選んでいた際は、お子さまにまず理由を聞いてください。保護者の方が納得できるような説明をお子さまがした場合は、その解答も正解として構いません。

【おすすめ問題集】
Ｊｒ・ウォッチャー12「日常生活」

問題36　分野：常識（マナー・ルール）

〈準備〉　赤鉛筆

〈問題〉　**この問題は問題34のお話を参考にしてください。**
部屋の中でしてはいけない遊びはどれですか。選んで○をつけてください。

〈時間〉　20秒

〈解答〉　右から２番目（竹馬）

［2020年度出題］

学習のポイント

例年、常識分野の問題が出題されています。出題されるジャンルはこの問題のように「遊び」に関するもの、季節に関するものなど、年度によって変わってきますので、どのジャンルが出題されても答えられるように、幅広く知識を得るようにしていきましょう。ここでは遊びに関するルールやマナーが聞かれています。部屋の中で遊んではいけないものを選びます。大切なのは、「なぜしてはいけないのか」という理由を説明できることです。この問題の正解は「竹馬」です。理由はさまざまですが、部屋の中で竹馬で遊ぶとケガをする恐れがあるからなどが挙げられます。保護者の方が指導する際に、答えといっしょに理由も聞きましょう。お子さまが理由を正しく言えることで、はじめてマナーやルールが身に付いていると言えるからです。

【おすすめ問題集】

Ｊｒ・ウォッチャー12「日常生活」、56「マナーとルール」

問題37　分野：推理（間違い探し）

〈準備〉　赤鉛筆

〈問題〉　この問題は問題34のお話を参考にしてください。
（問題37-１、37-２の絵を渡して）
◆マークの付いた紙には、家を出た時に机の上にあったものが描かれています。△マークの紙には、いま机の上にあるものが描かれています。それぞれを見比べて、増えているものを△マークの紙の中から見つけて、○をつけてください。

〈時間〉　１分

〈解答〉　マーカーペン

［2020年度出題］

学習のポイント

例年出題されている、２つの絵を見比べて、違いを発見する問題です。絵を並べて見比べることができるので、絵を記憶する必要はありません。絵を見比べるときに、「上から下」「左から右」と順番を決めて見ていけば、見逃すことを防げます。とはいえ、絵の個数がそこまで多くないので、わざわざそのように見なくても分かる問題です。このようにほとんどの志願者が正解してくる問題ではどこに差がつくか、というと○の描き方などの細かい部分になってくるかもしれません。もちろん、学校側がそこまで観ているかはわかりませんが、ほかの学校に比べ、行動観察の課題が多い当校では注意しておいても損はないでしょう。

【おすすめ問題集】

Ｊｒ・ウォッチャー４「同図形探し」、20「見る記憶・聴く記憶」

問題38　分野：図形（パズル）

〈準備〉　あらかじめ問題38－２の絵を線に沿って切り分けておく。

〈問題〉　**この問題は問題34のお話を参考にしてください。**
（問題38－２を切り分けたものと38－１の絵を渡す）
描かれている形にぴったりと収まるように、形を組み合わせてください。

〈時間〉　１分

〈解答例〉　下図参照

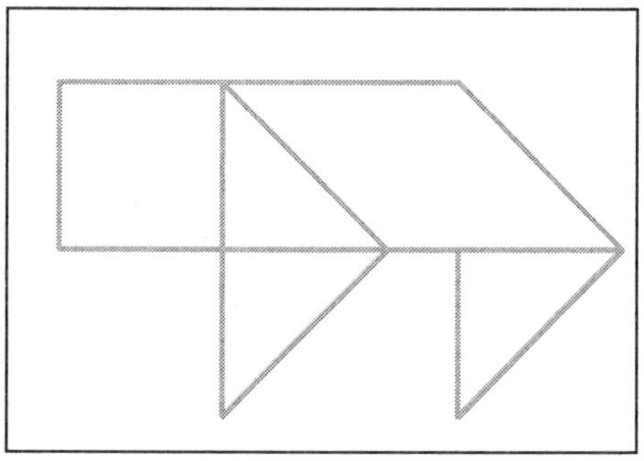

［2020年度出題］

学習のポイント

当校で例年出題されているパズルの問題です。パーツを反転させたり、回転させたりすることが頭の中でイメージできると、それほど時間がかからないで解くことができるでしょう。そうしたイメージは日頃、図形を使った学習の量が多ければ多いほど、身に付いていくもので、最初から備わっているものではありません。パズルやタングラム、積み木などを使って図形に触れさせることをさせてください。学習としてではなく、遊びとしてでも構いません。さまざまな図形に触れることで「三角形と三角形をくっつけると四角形になる」などの図形の特徴を知ることができるようになり、このようなパズルの問題でも、その知識を自然と活かせるようになります。

【おすすめ問題集】
Ｊｒ・ウォッチャー３「パズル」、９「合成」、45「図形分割」、54「図形の構成」

問題39　分野：巧緻性（切る、塗る）

〈準備〉　クレヨン（橙）、はさみ

〈問題〉　**この問題は問題34のお話を参考にしてください。**
（問題39の絵を渡して）
・上の段にあるハートの形を、クレヨンで塗ってください。

・下の段に描いてあるクマを、太い線で切り抜いてください。

〈時間〉　３分

〈解答〉　省略

［2020年度出題］

学習のポイント

例年出題されている「巧緻性」の課題です。線を「なぞる」、色を「塗る」という基本的な巧緻性の作業で、複雑なものが出されていないため、特別な対策を取らなくてもこなせるでしょう。この問題のポイントは簡単な作業にも関わらず、３分という時間の設定がされています。そのことから、課題が終わった後の「後片付け」なども観られていると考えられます。当校の課題は、カゴが机の上にあり、そこから作業に使うものを取り出して作業を進めるという方法で行われています。それと同じように、作業が終わったら、使ったものをもとに戻すということが自然にできていれば、評価は高くなるでしょう。お子さまには日頃から保護者の方が言わなくても、後片付けをするように指導して、当たり前にできるようにしましょう。

【おすすめ問題集】

実践 ゆびさきトレーニング①②③

Ｊｒ・ウォッチャー23「切る・貼る・塗る」、25「生活巧緻性」

問題40 分野：巧緻性（運筆）

〈準 備〉 サインペン（赤）

〈問 題〉 チョウチョが飛んだ点線を☆から★までなぞってください。

〈時 間〉 １分

〈解 答〉 省略

[2020年度出題]

学習のポイント

運筆の問題は当校では例年出題されている分野の１つです。書くという行為は、入学してから毎日行う基本となります。線を引くだけなので、作業としては簡単ですが、使う筆記用具によって難しさが変わってくる問題とも言えます。ここではサインペンを使いますが、書いている途中に手を止めると、その部分が滲んでしまったり、線を引く力が均等でなかったら、ところどころかすれてしまったり、引いた線を見ると、作業の過程がわかります。簡単な作業だからといって、適当に行わないで、作業１つひとつに集中して取りかかるようにしましょう。この課題も時間に余裕があるので、すぐに線を引こうとするのではなく、まずは始めと終わりの位置を確認してから始めるようにしましょう。

【おすすめ問題集】

Ｊｒ・ウォッチャー51「運筆①」、52「運筆②」

問題1

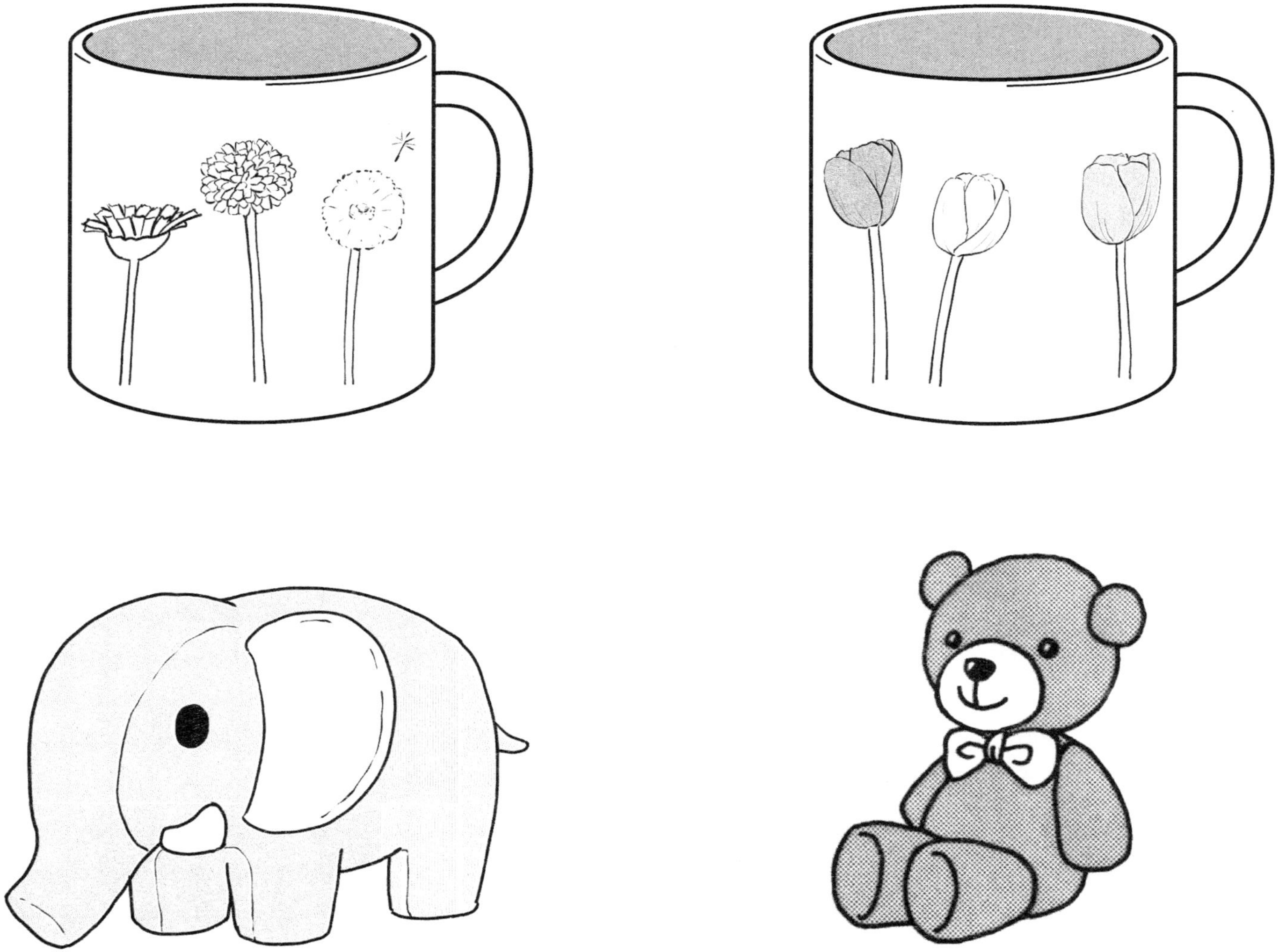

問題2

問題3

問題 4

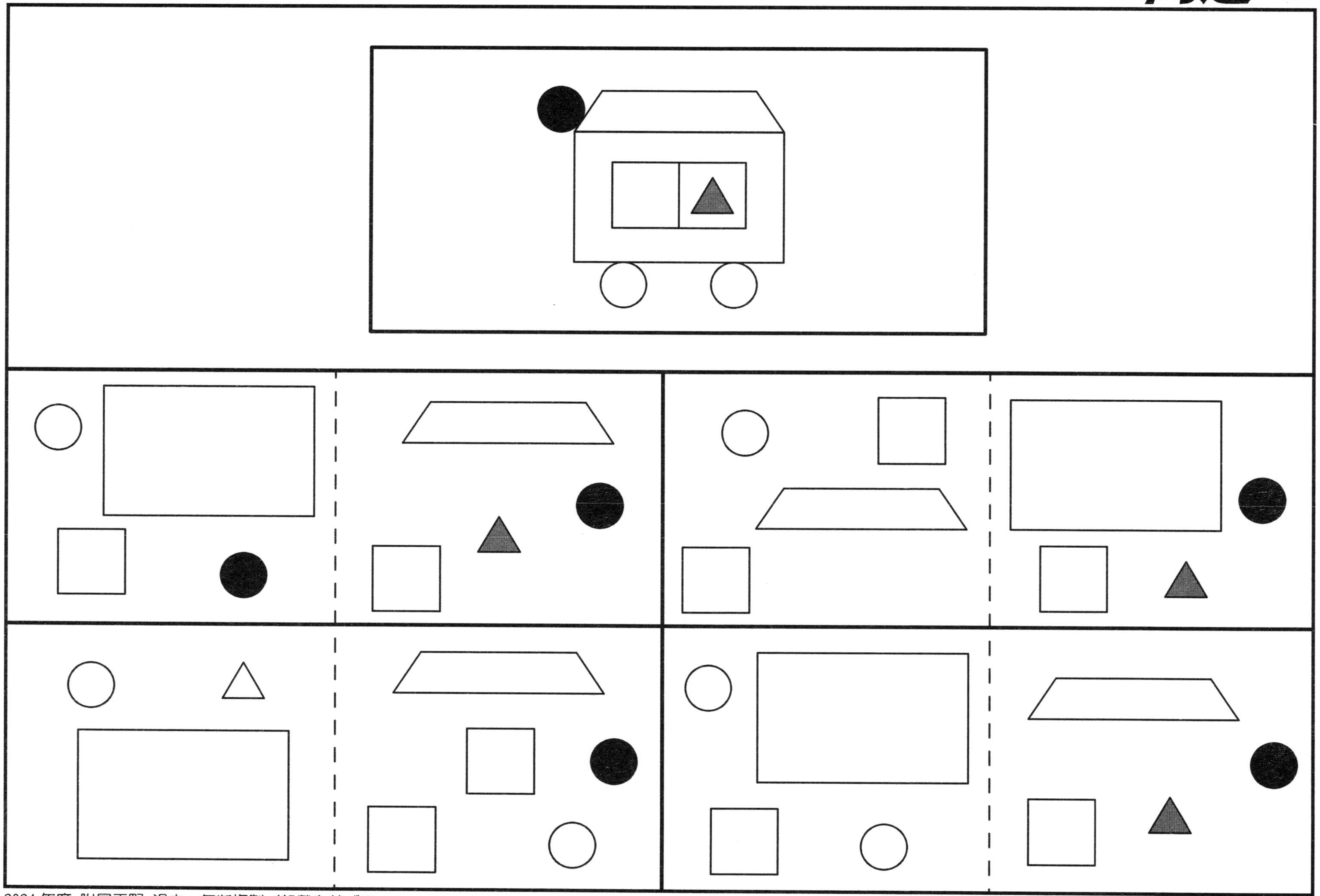

問題5

問題6

問題7

問題8

問題 9

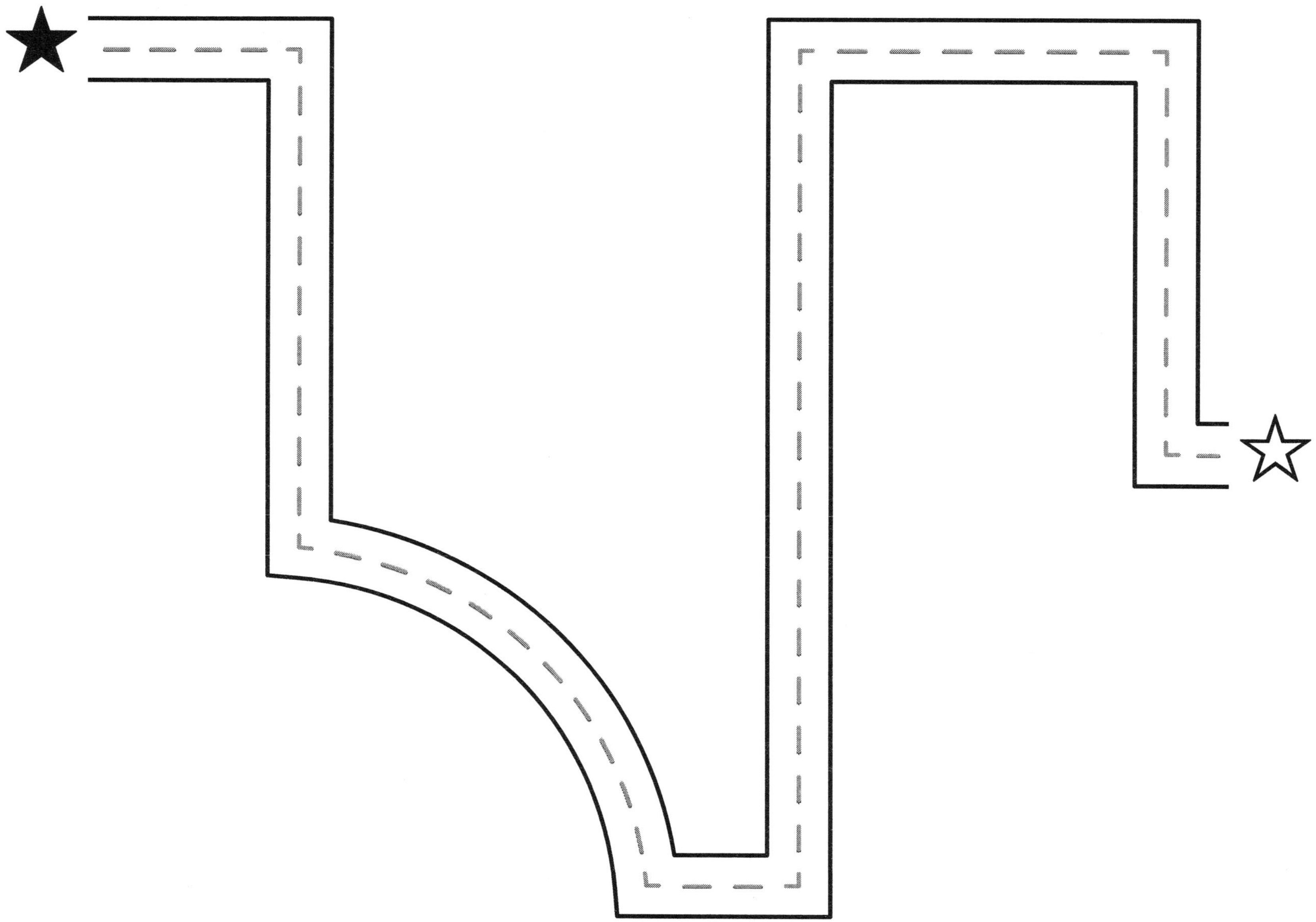

問題１０－１

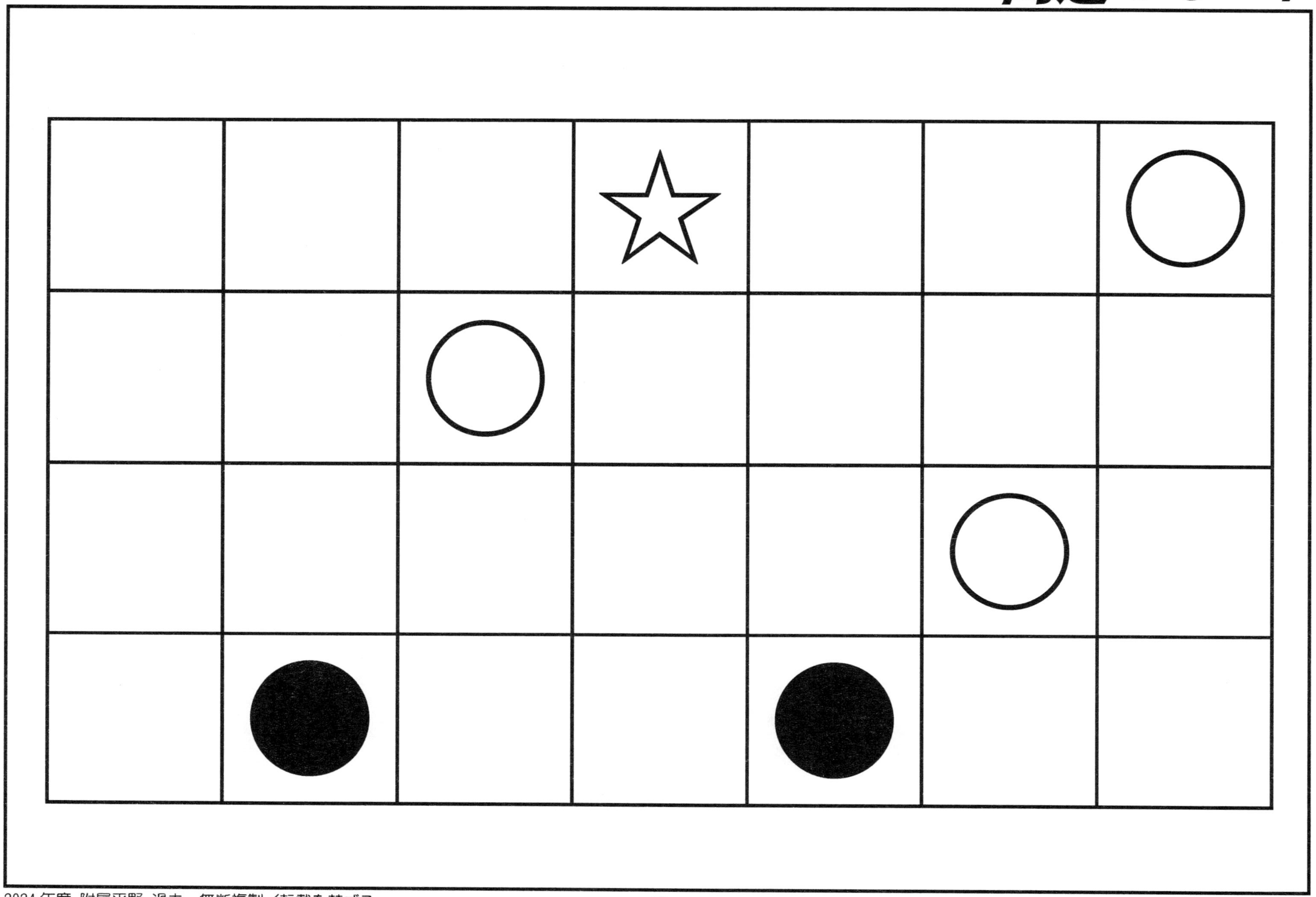

日本学習図書株式会社

問題１０－２

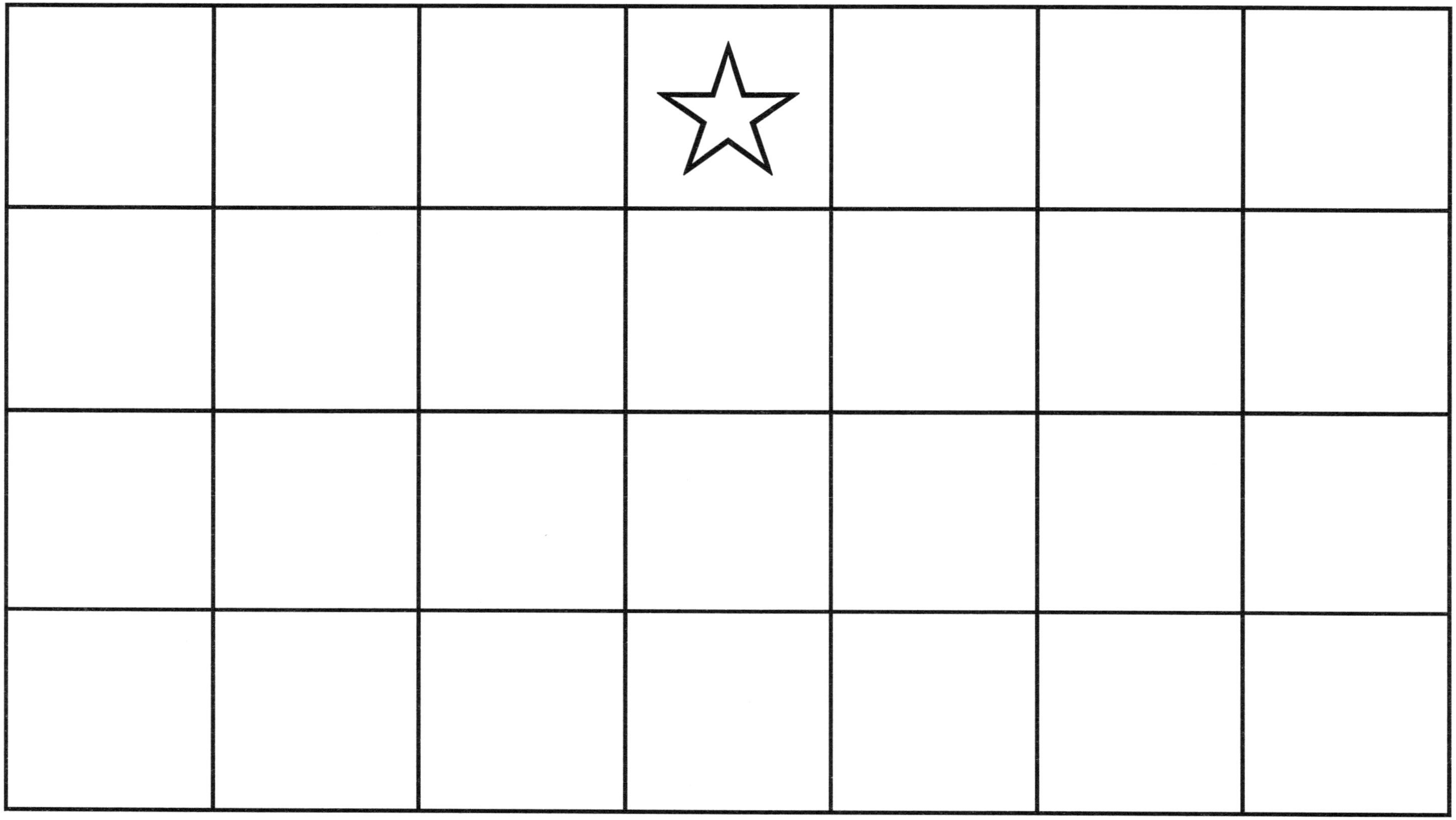

問題１０－３

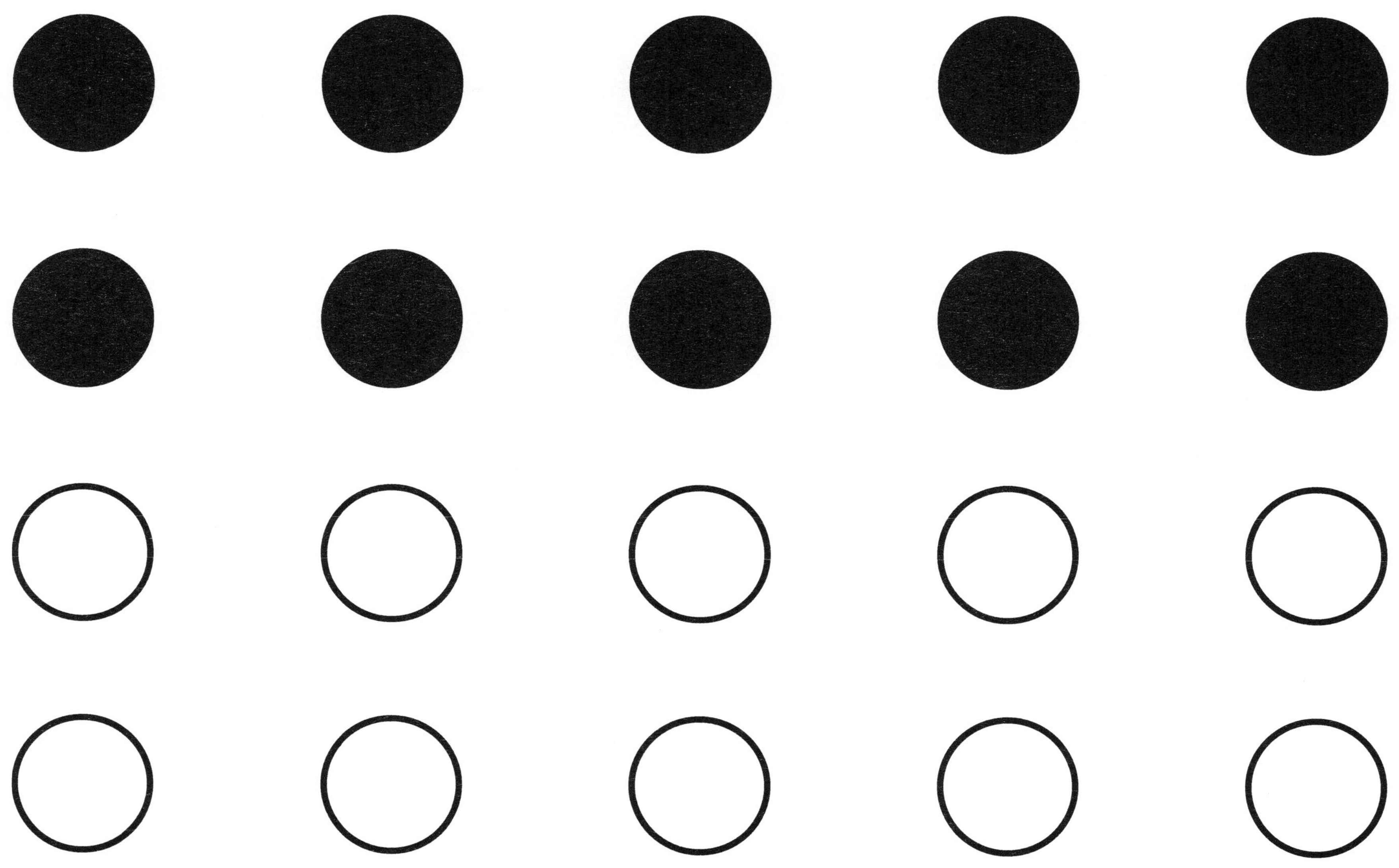

問題１３

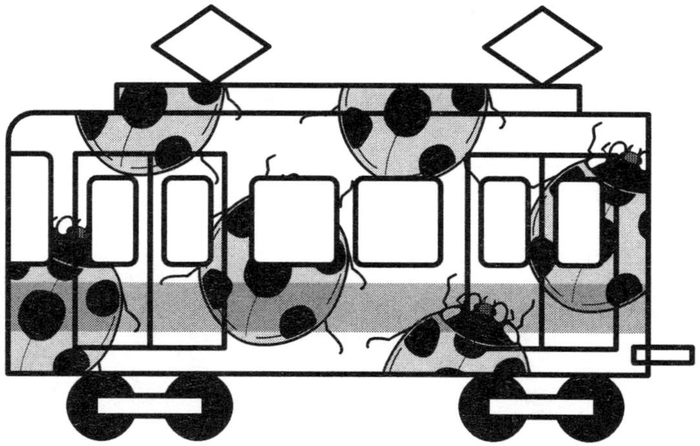

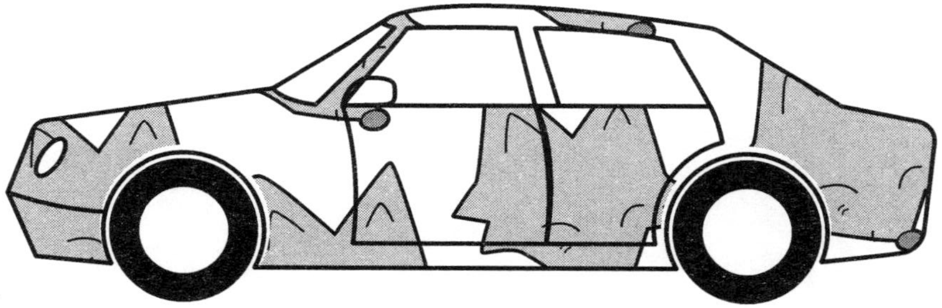

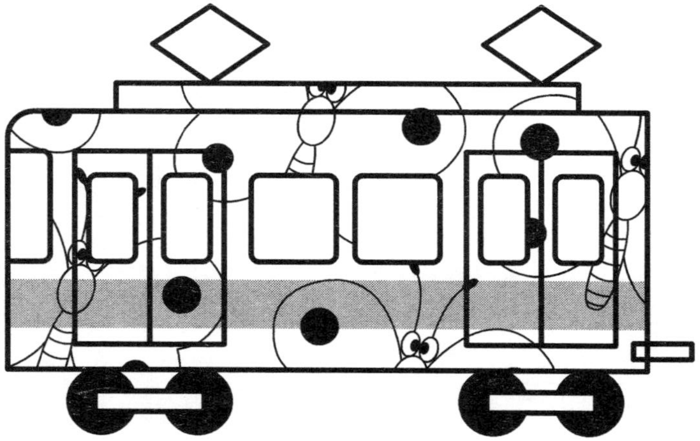

問題１４

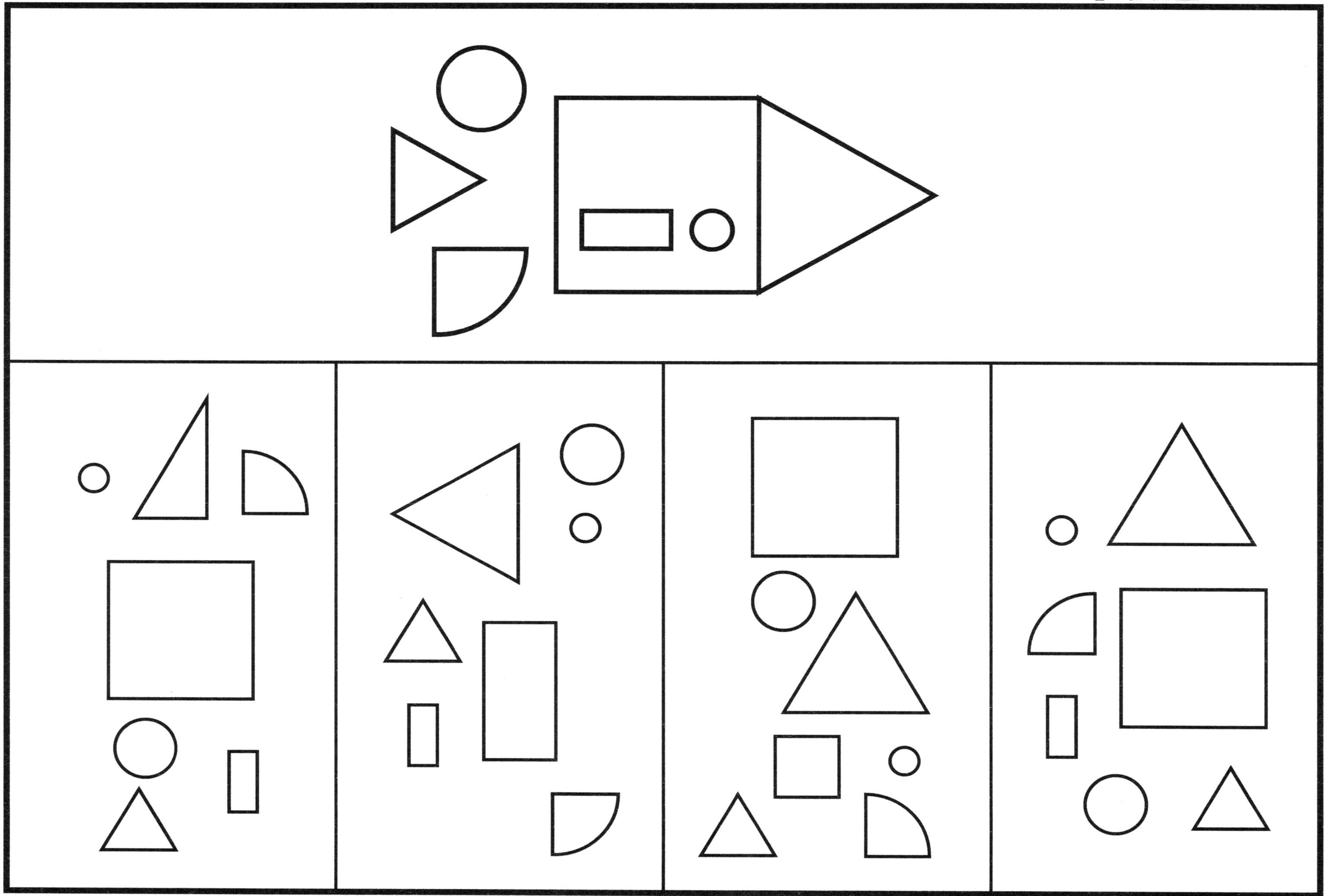

問題１５

2024 年度 附属平野 過去　無断複製／転載を禁ずる　　　　　　　　　　　　　日本学習図書株式会社

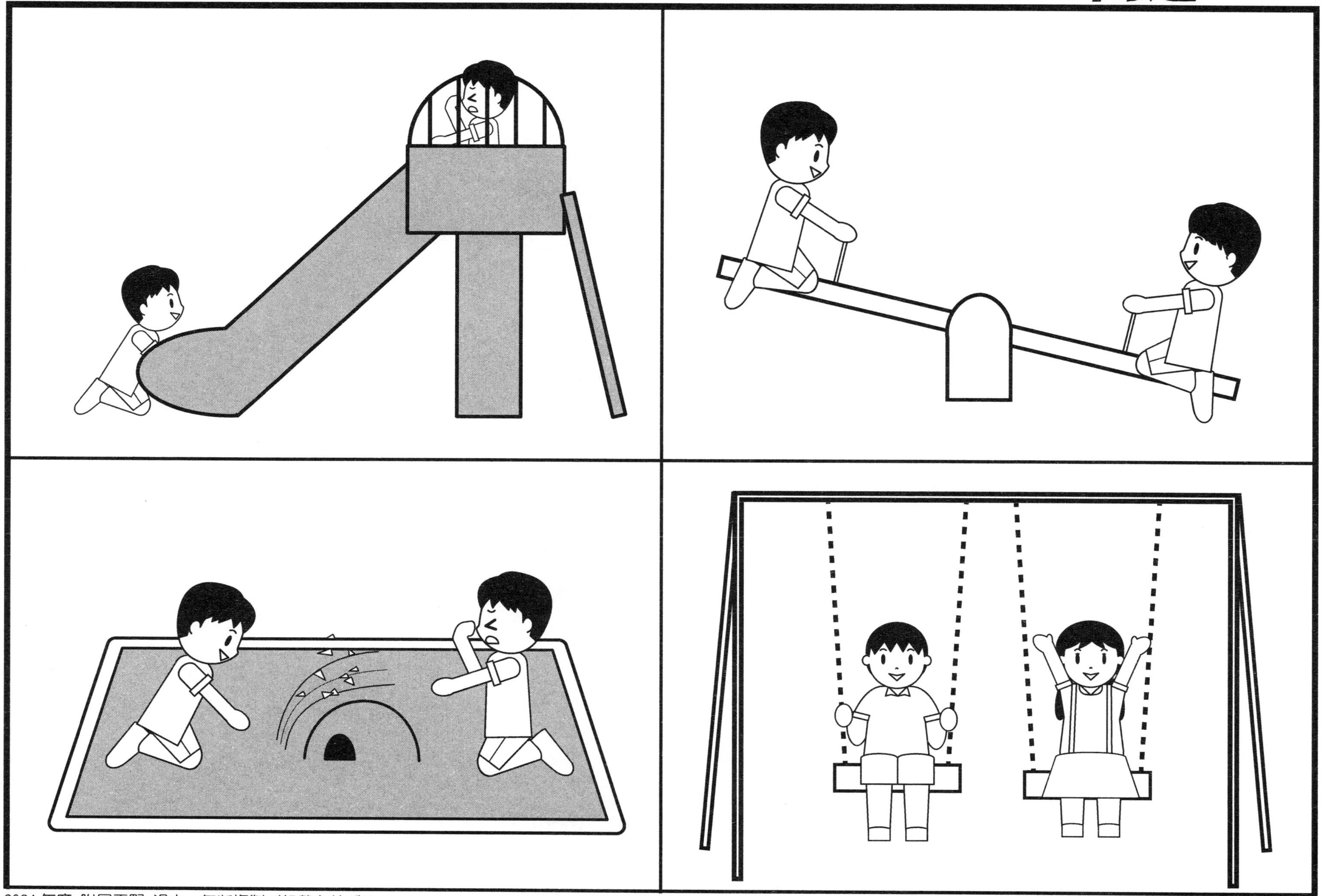

問題１７

2024 年度 附属平野 過去 無断複製／転載を禁ずる 日本学習図書株式会社

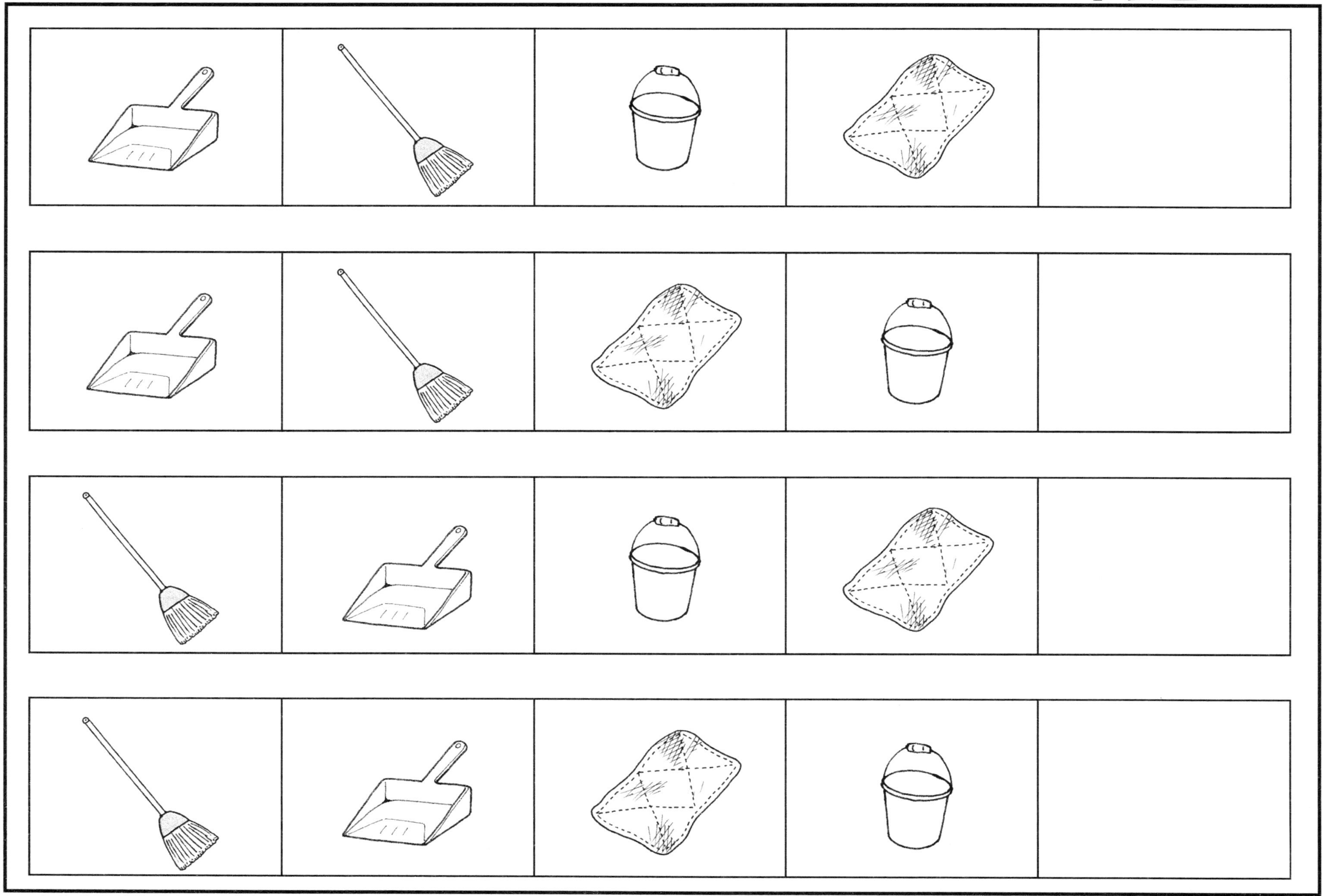

2024 年度 附属平野 過去　無断複製／転載を禁ずる　　　　　　日本学習図書株式会社

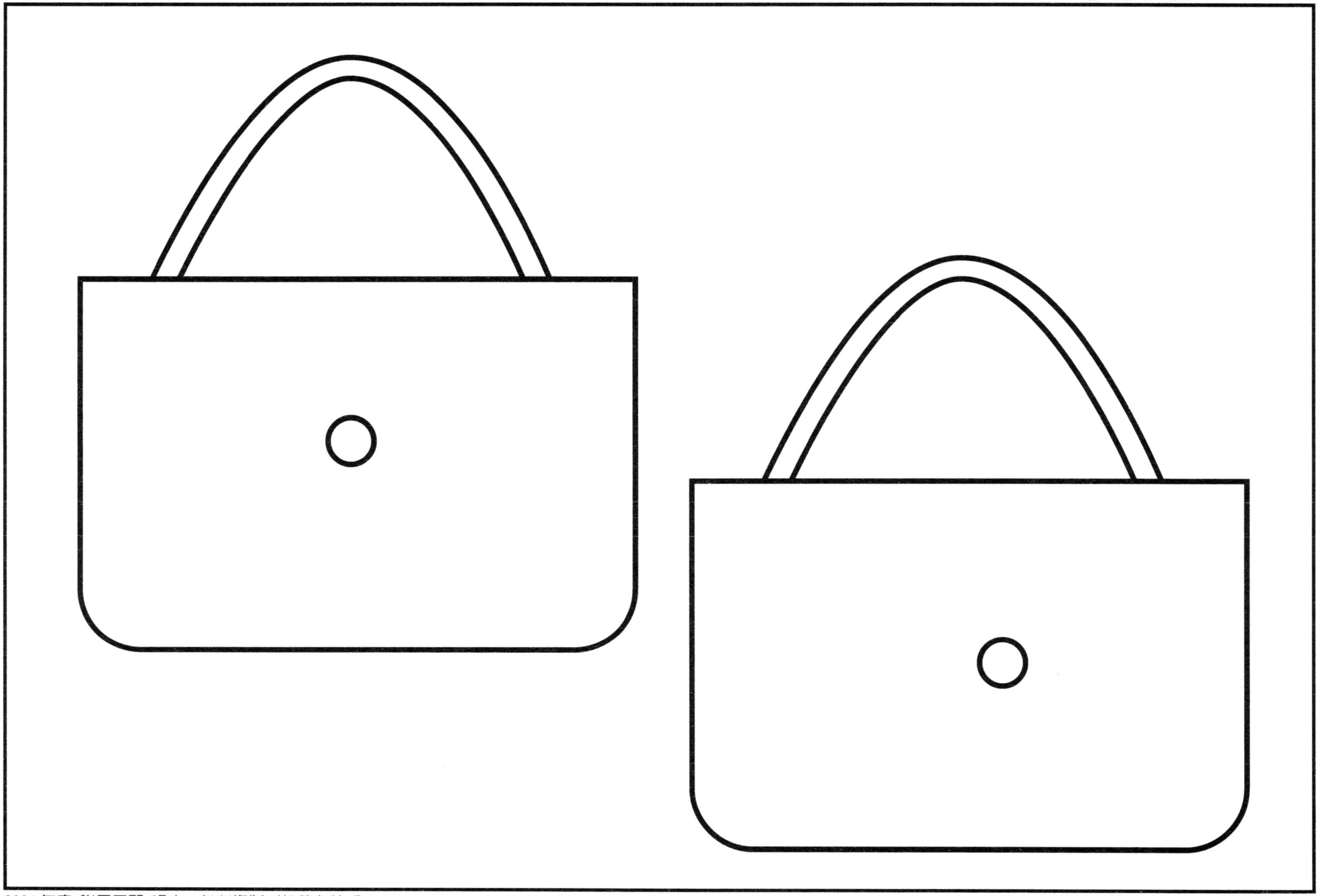

問題２０

問題２１

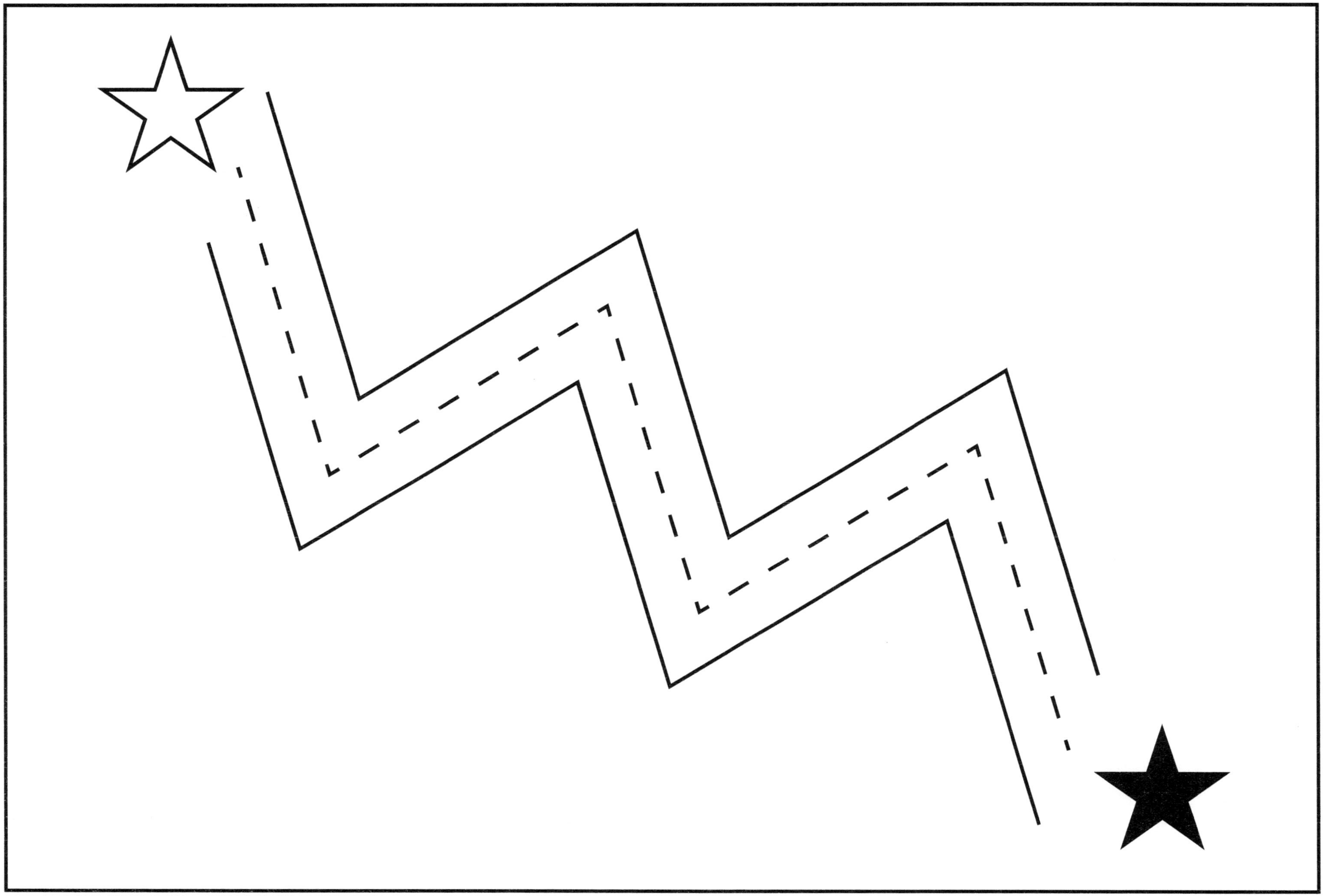

問題22－1

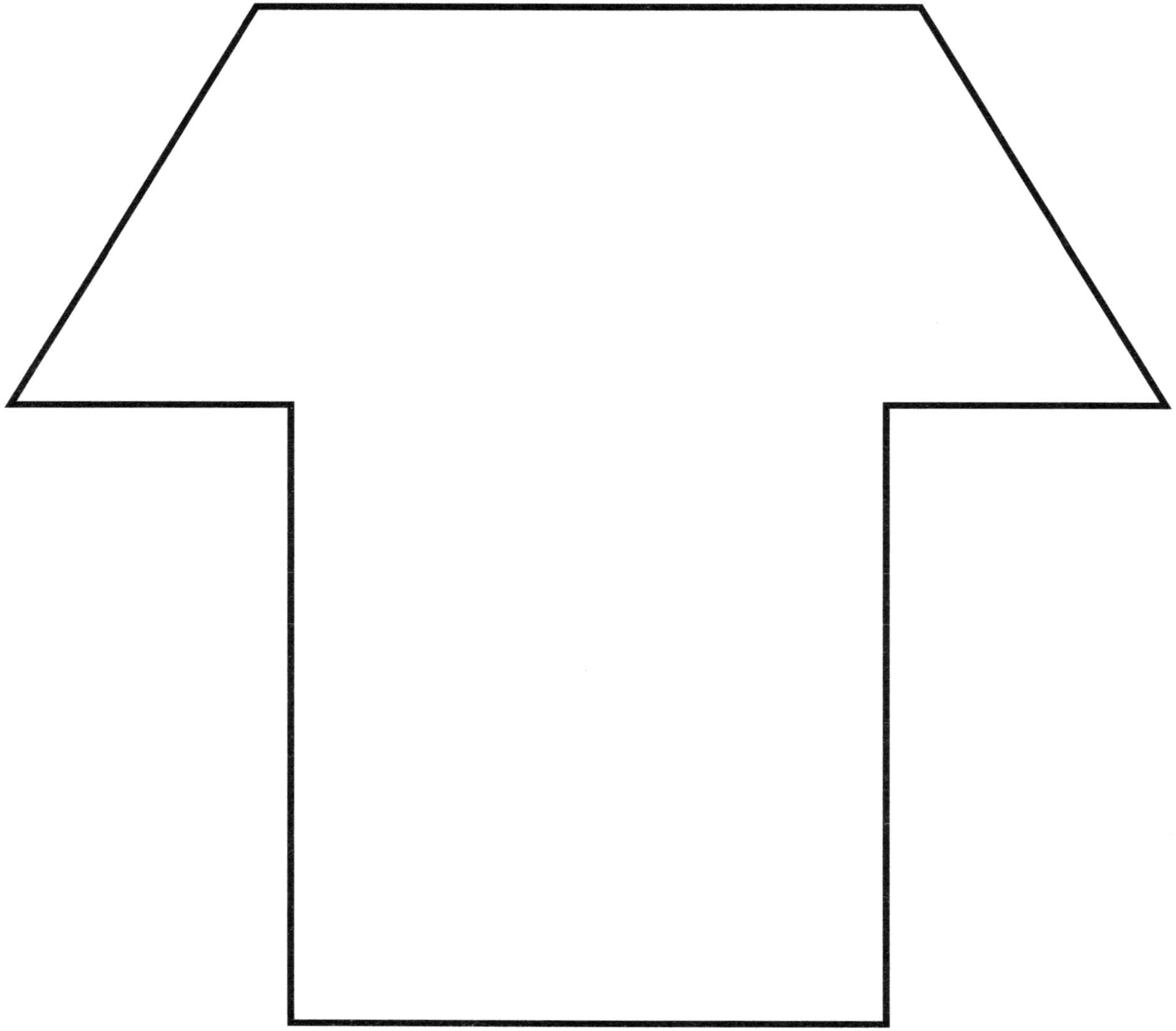

問題22－2

問題２５

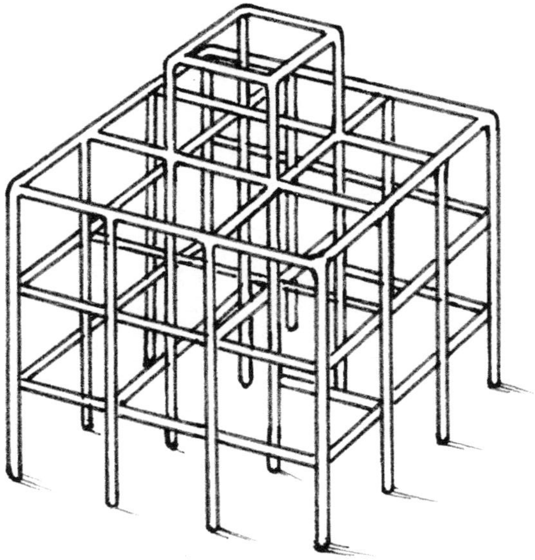

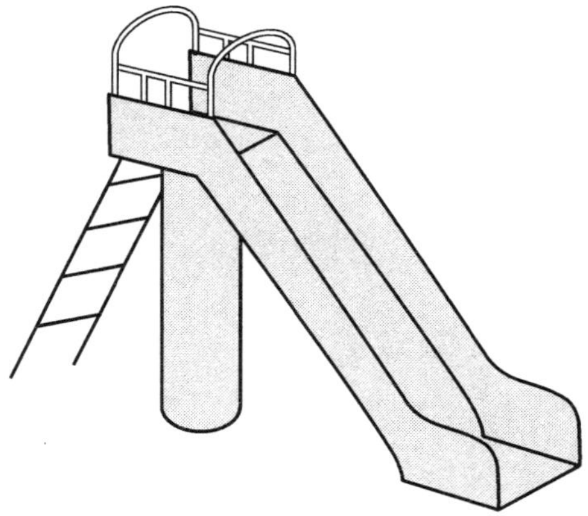

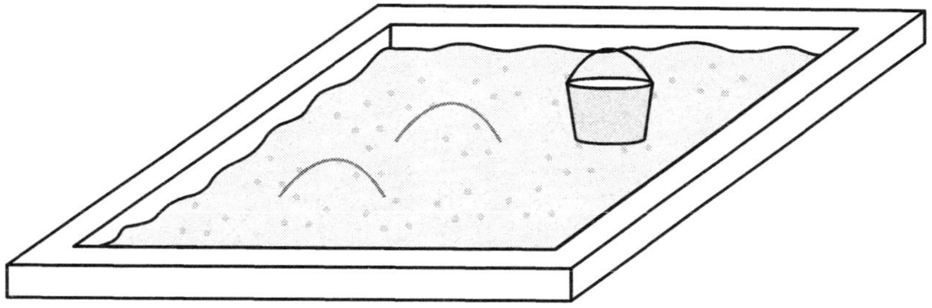

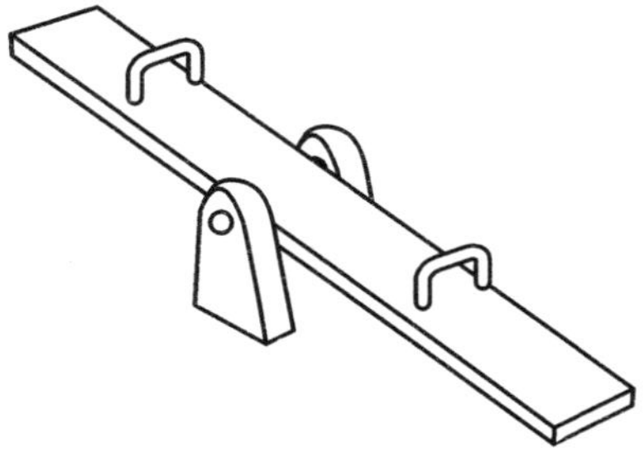

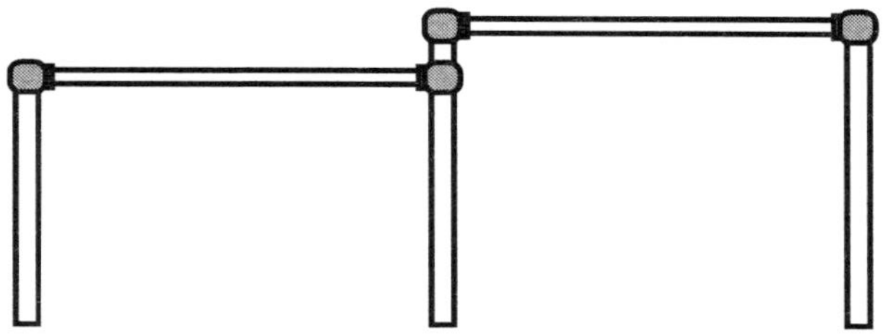

問題２６

問題２７

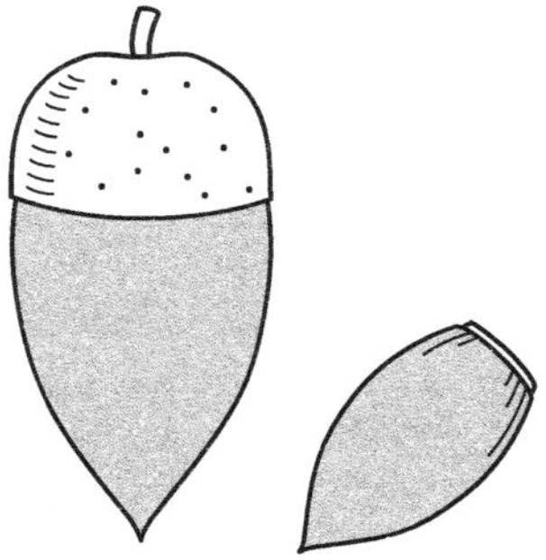

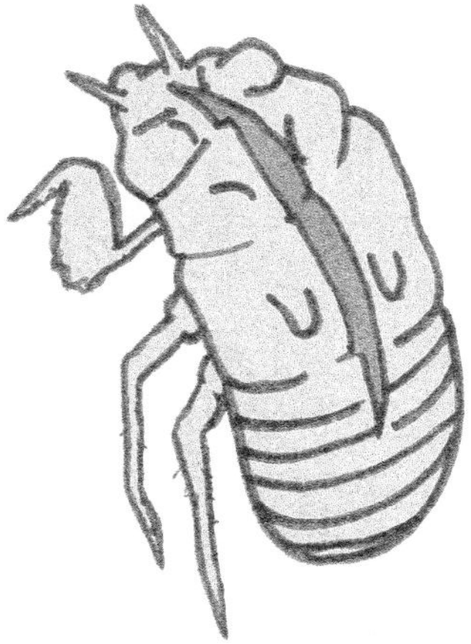

問題２８

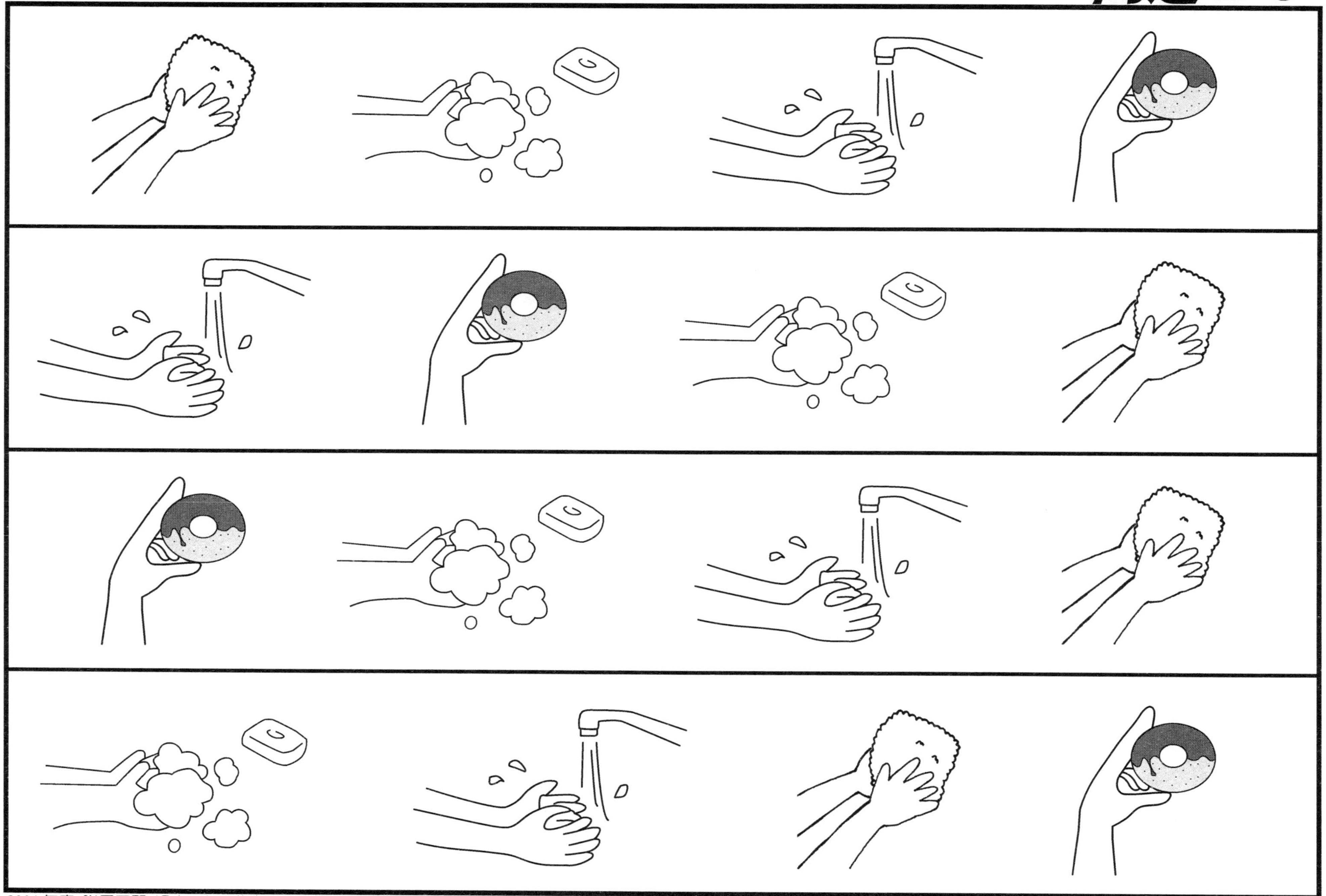

日本学習図書株式会社

問題２９

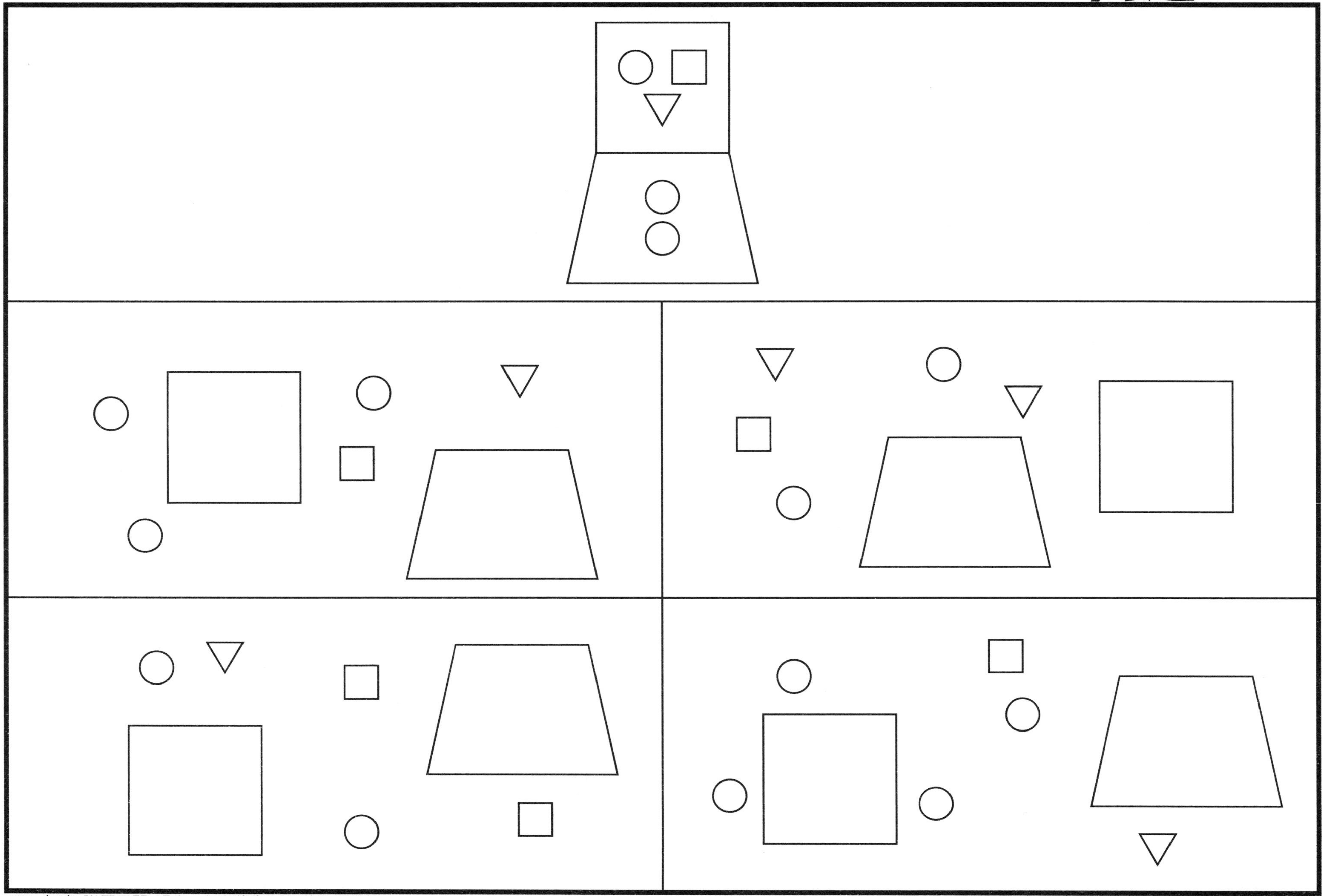

問題３０－１

問題30－2

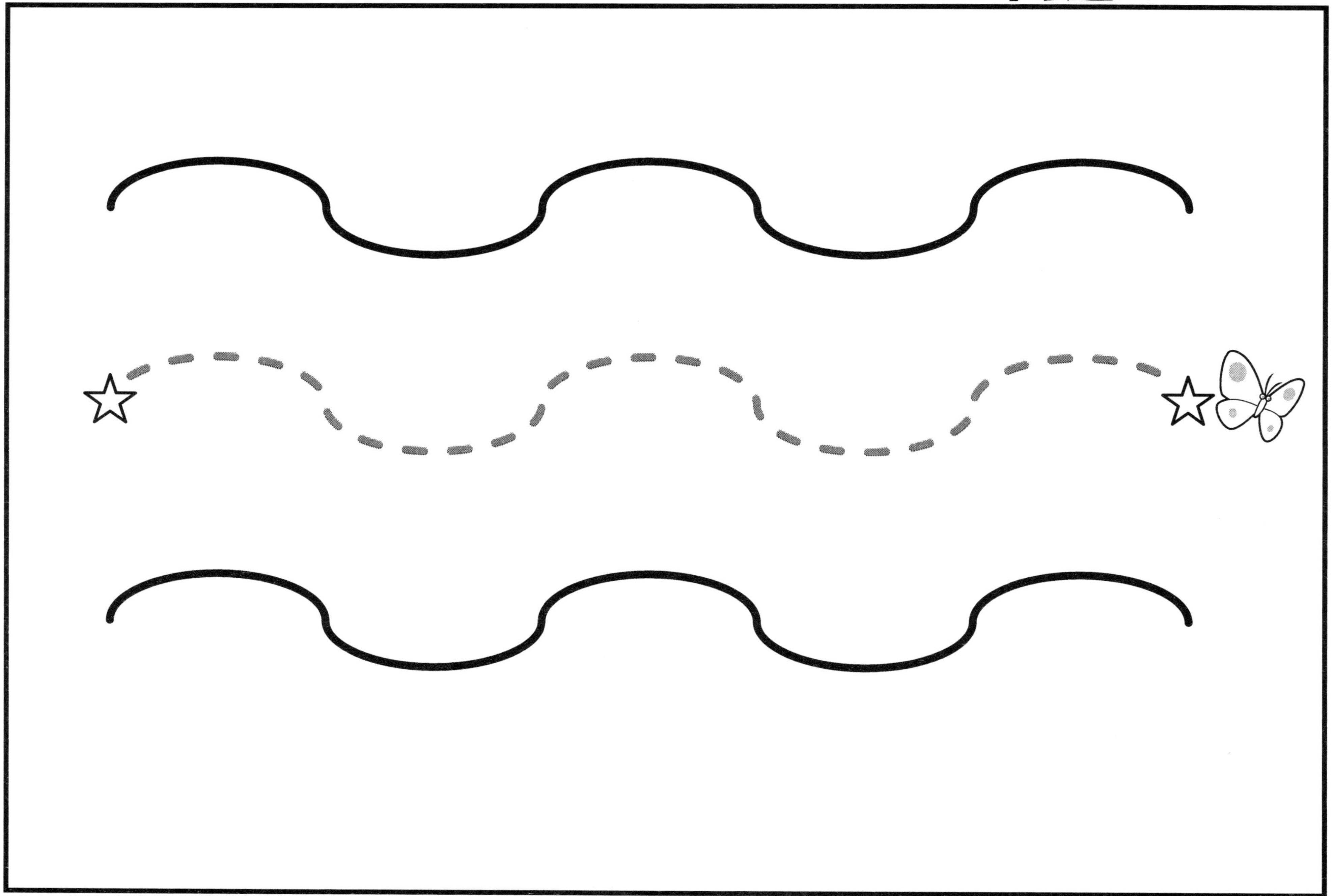

問題31－1

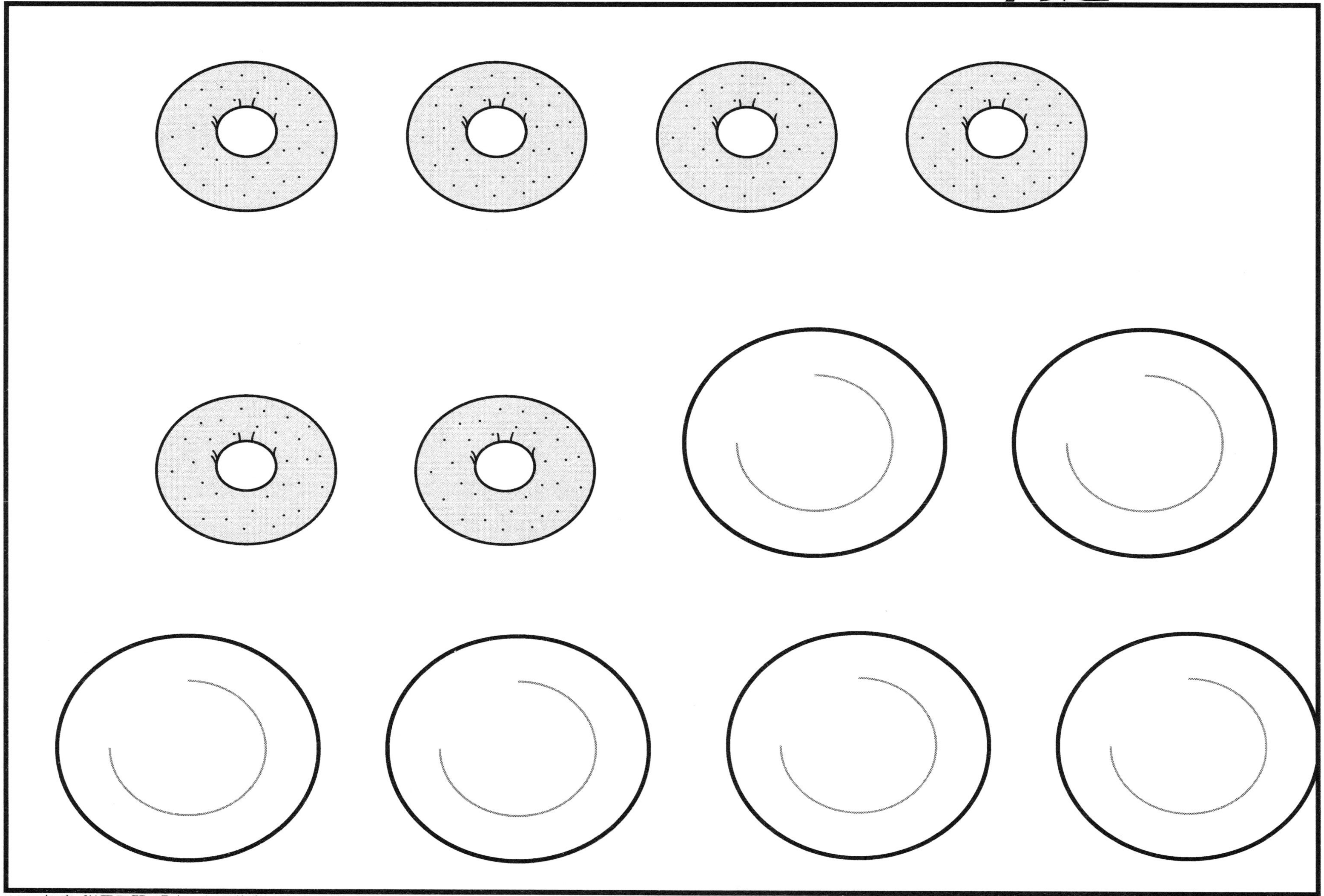

問題3 1－2

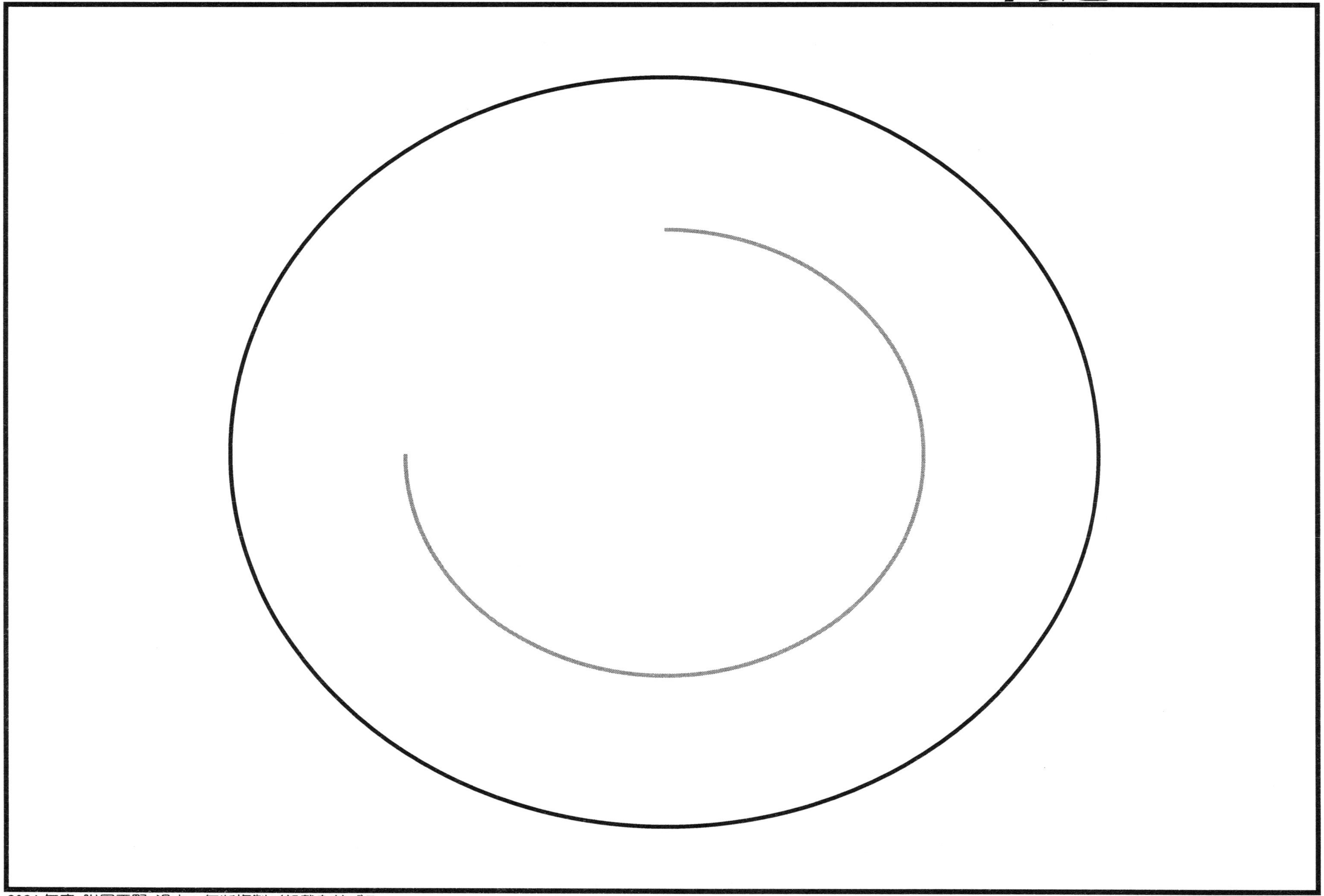

問題3 1－3

問題３３－１

問題３３－２

問題３４

日本学習図書株式会社

問題３５

問題３６

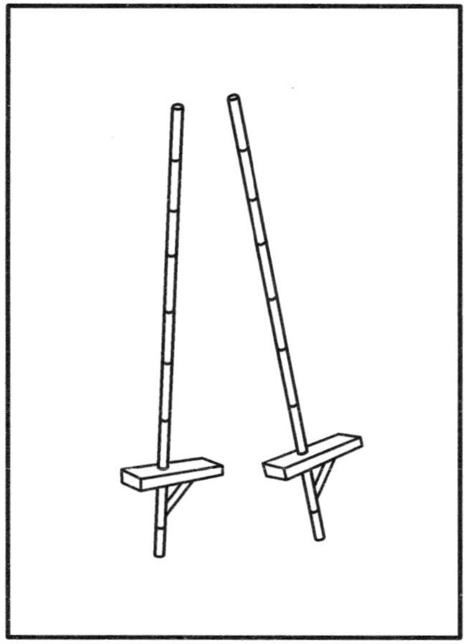

問題３７－１

日本学習図書株式会社

問題37−2

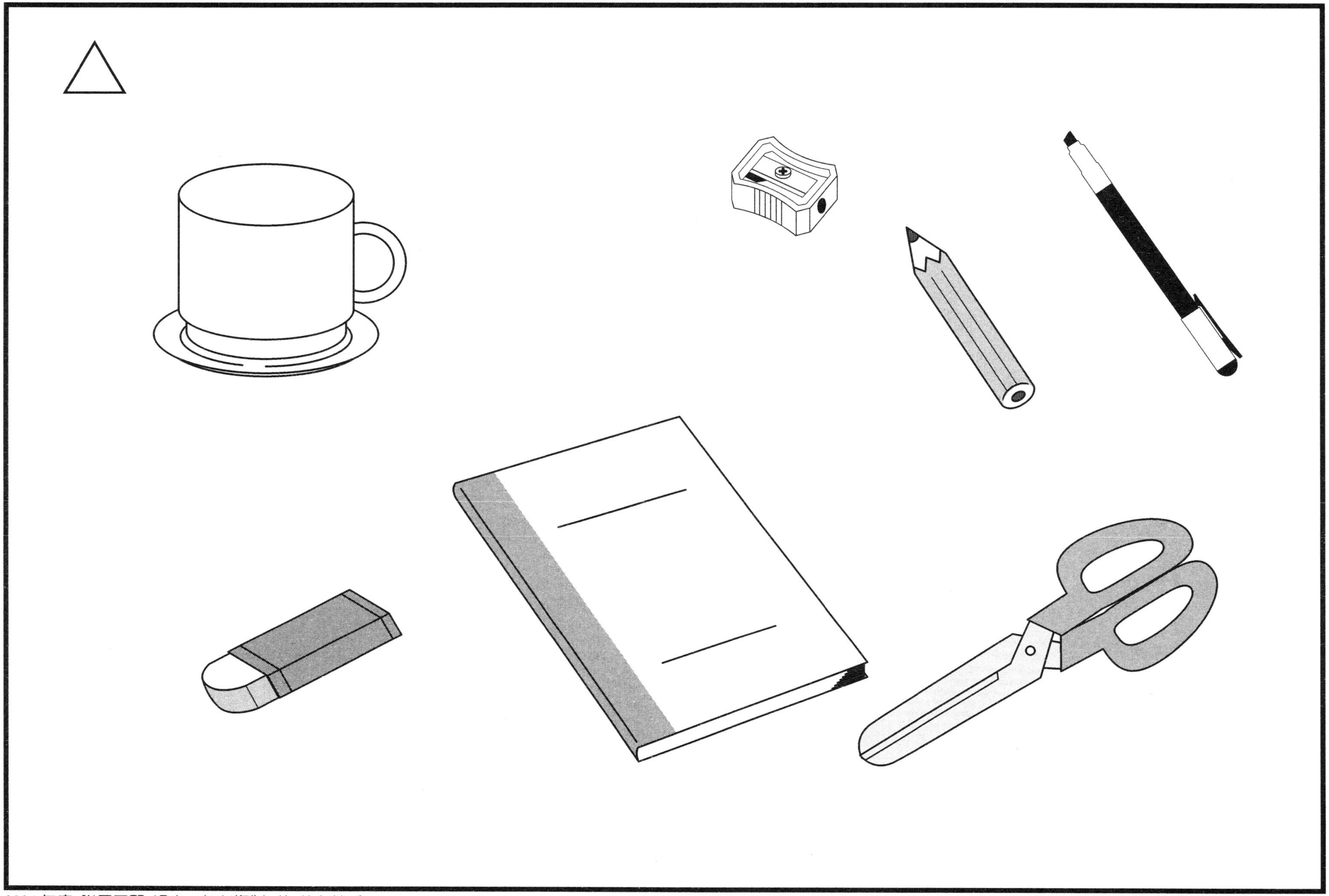

問題３８－１

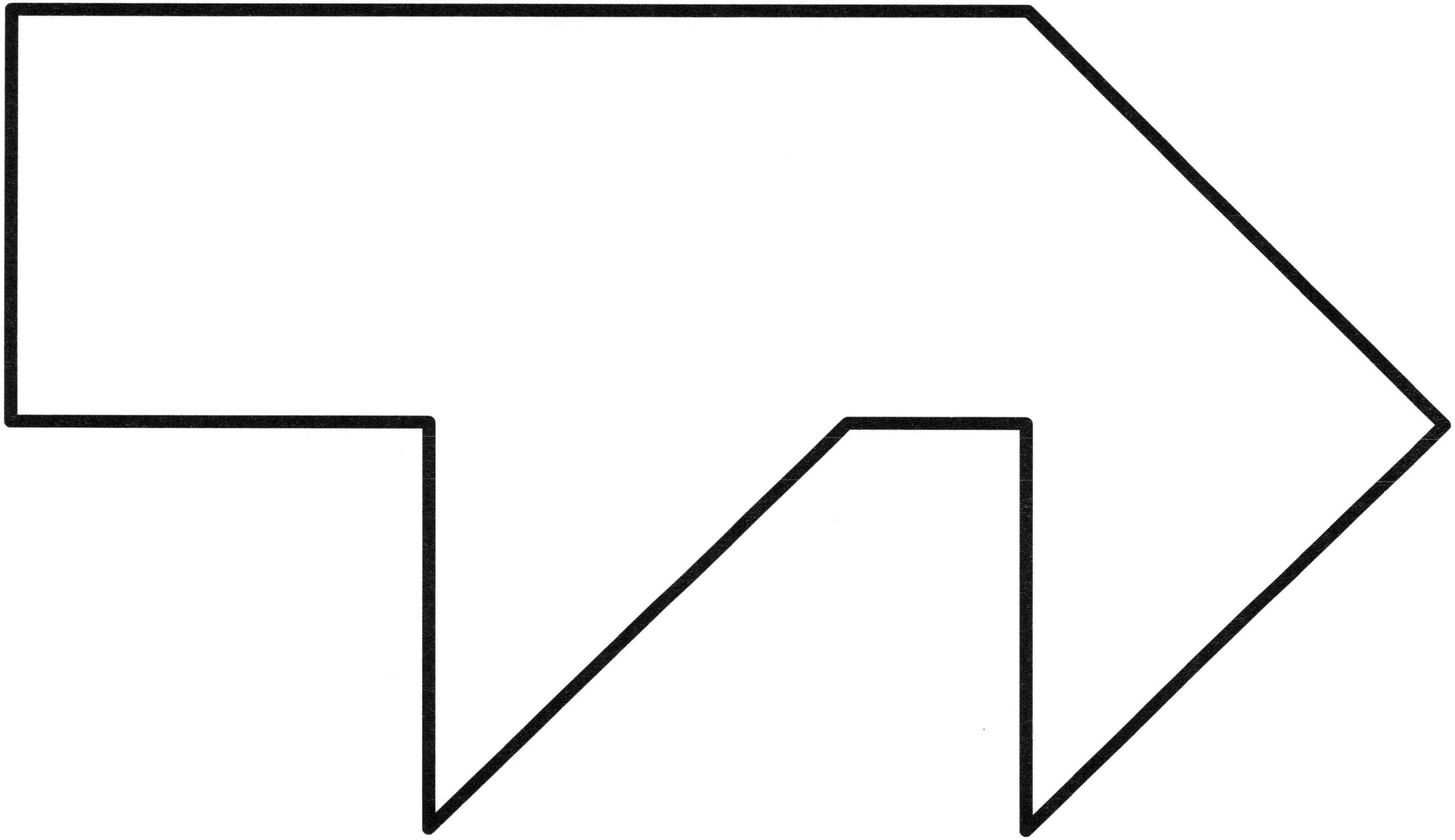

問題38－2

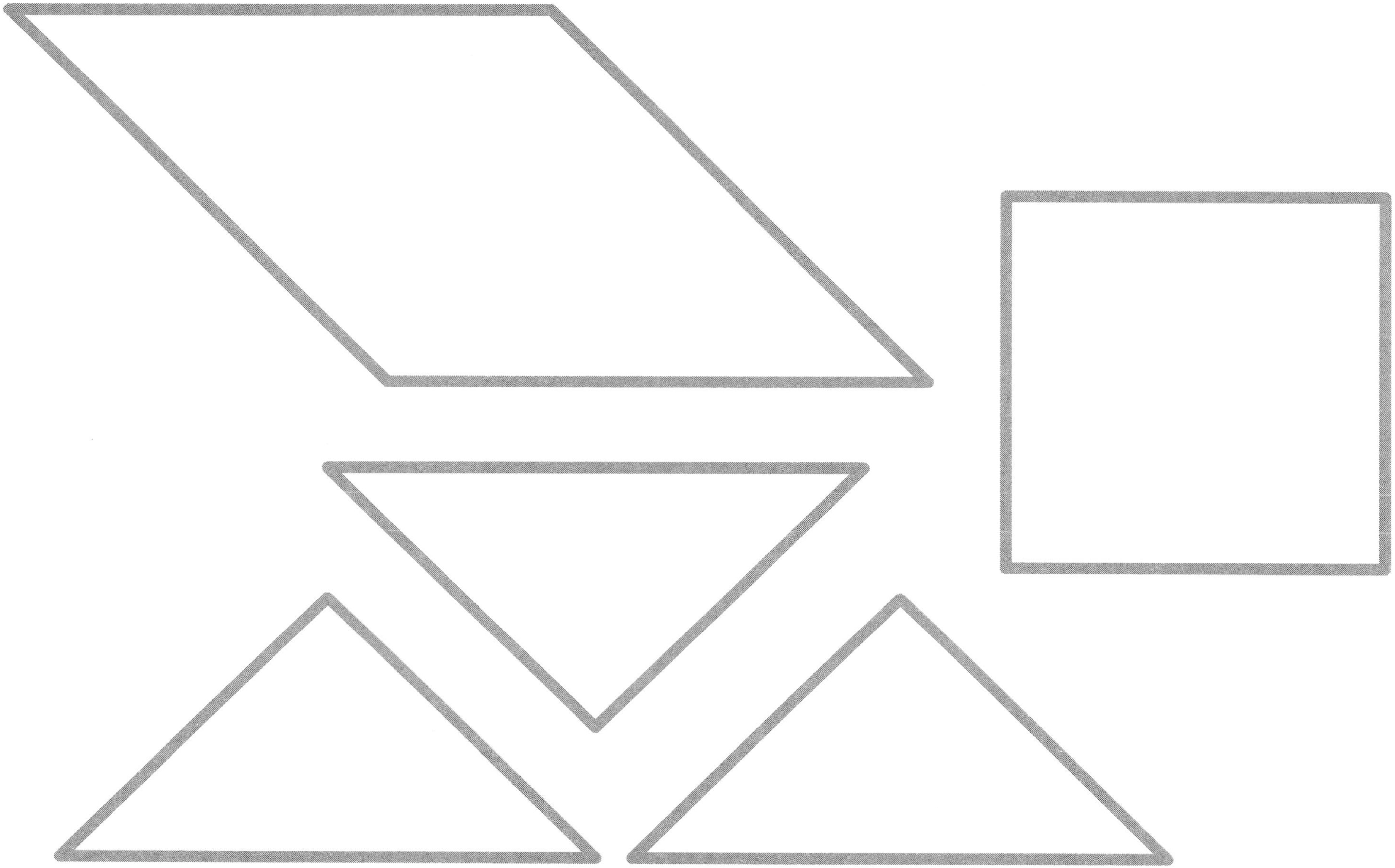

問題３９

問題４０

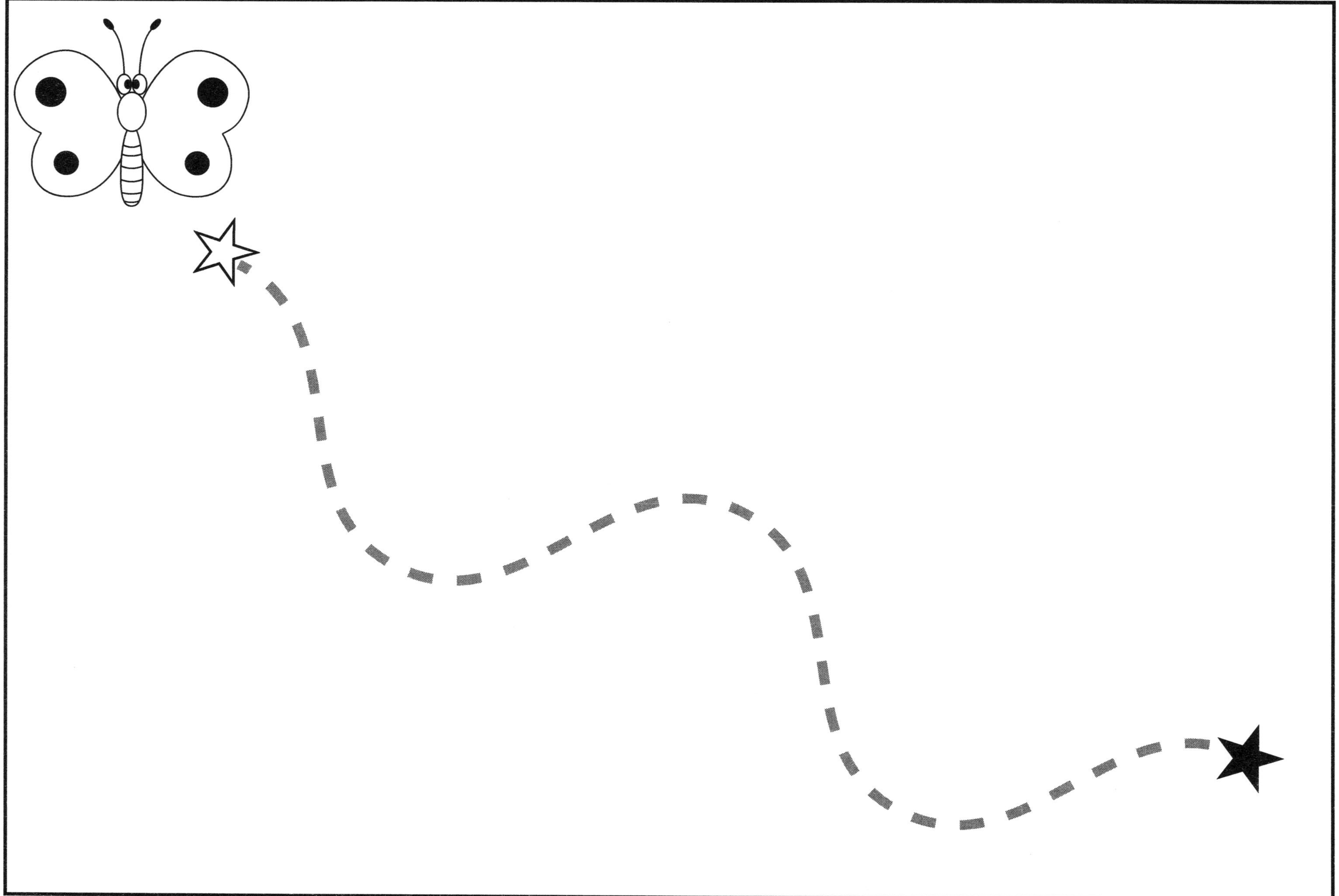

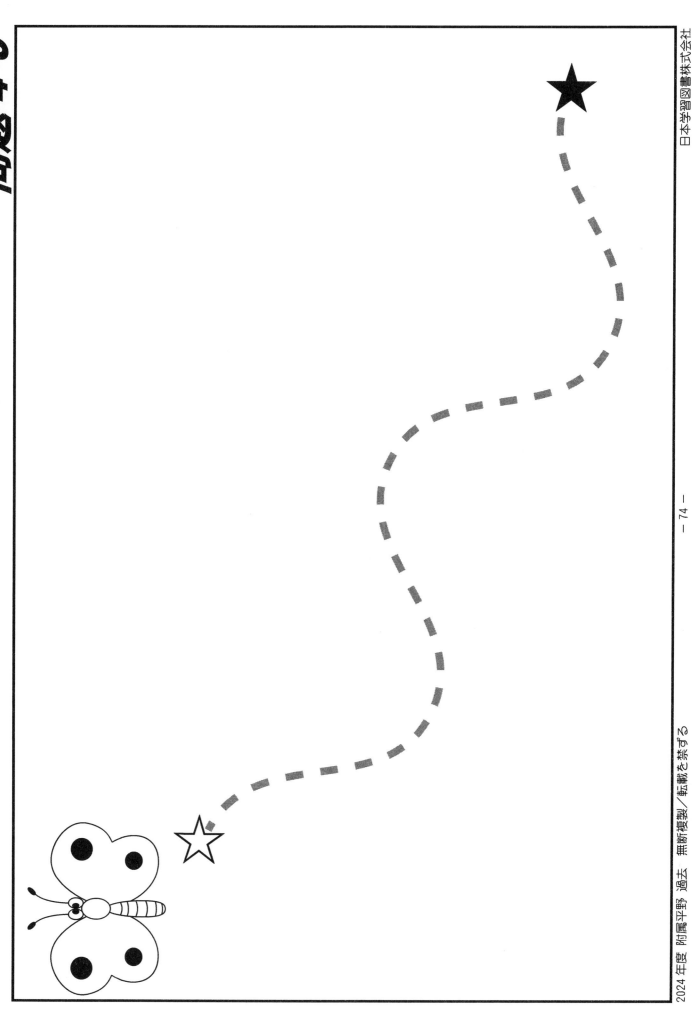

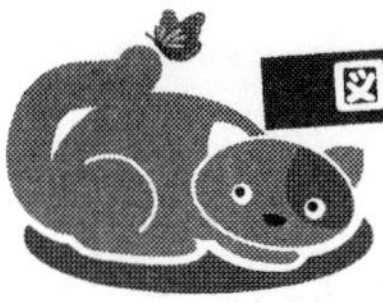

図書カード 1000 円分プレゼント

ご記入日　　年　月　日

☆国・私立小学校受験アンケート☆

※可能な範囲でご記入下さい。選択肢は○で囲んで下さい。

〈小学校名〉＿＿＿＿＿＿＿＿＿＿＿＿　〈お子さまの性別〉男・女　〈誕生月〉＿＿月

〈その他の受験校〉（複数回答可）＿＿＿＿＿＿＿＿＿＿＿＿＿＿＿＿＿＿＿＿

〈受験日〉①：＿＿月＿＿日〈時間〉＿＿時＿＿分　～　＿＿時＿＿分

②：＿＿月＿＿日〈時間〉＿＿時＿＿分　～　＿＿時＿＿分

〈受験者数〉　男女計＿＿名　（男子＿＿名　女子＿＿名）

〈お子さまの服装〉＿＿＿＿＿＿＿＿＿＿＿＿＿＿＿＿

〈入試全体の流れ〉（記入例）準備体操→行動観察→ペーパーテスト

＿＿＿＿＿＿＿＿＿＿＿＿＿＿＿＿＿＿＿＿＿＿＿＿

Eメールによる情報提供

日本学習図書では、Eメールでも入試情報を募集しております。

下記のアドレスに、アンケートの内容をご入力の上、メールをお送り下さい。

ojuken@nichigaku.jp

●行動観察　（例）好きなおもちゃで遊ぶ・グループで協力するゲームなど

〈実施日〉＿＿月＿＿日〈時間〉＿＿時＿＿分　～　＿＿時＿＿分　〈着替え〉□有　□無

〈出題方法〉　□肉声　□録音　□その他（　　　　　　）〈お手本〉□有　□無

〈試験形態〉　□個別　□集団（　　　人程度）　　〈会場図〉

〈内容〉

□自由遊び

＿＿＿＿＿＿＿＿＿＿＿＿＿＿＿＿＿＿＿＿

□グループ活動

＿＿＿＿＿＿＿＿＿＿＿＿＿＿＿＿＿＿＿＿

□その他

＿＿＿＿＿＿＿＿＿＿＿＿＿＿＿＿＿＿＿＿

●運動テスト（有・無）　（例）跳び箱・チームでの競争など

〈実施日〉＿＿月＿＿日〈時間〉＿＿時＿＿分　～　＿＿時＿＿分　〈着替え〉□有　□無

〈出題方法〉　□肉声　□録音　□その他（　　　　　　）〈お手本〉□有　□無

〈試験形態〉　□個別　□集団（　　　人程度）　　〈会場図〉

〈内容〉

□サーキット運動

□走り　□跳び箱　□平均台　□ゴム跳び

□マット運動　□ボール運動　□なわ跳び

□クマ歩き

□グループ活動＿＿＿＿＿＿＿＿＿＿＿＿＿＿＿

□その他＿＿＿＿＿＿＿＿＿＿＿＿＿＿＿＿＿

●知能テスト・口頭試問

〈実施日〉 ＿＿月＿＿日 〈時間〉 ＿＿時＿＿分 ～ ＿＿時＿＿分 〈お手本〉 □有 □無

〈出題方法〉 □肉声 □録音 □その他（　　　　　） 〈問題数〉 ＿＿枚 ＿＿問

分野	方法	内　容	詳　細・イ ラ ス ト
(例) お話の記憶	☑筆記 □口頭	動物たちが待ち合わせをする話	(あらすじ) 動物たちが待ち合わせをした。最初にウサギさんが来た。次にイヌくんが、その次にネコさんが来た。最後にタヌキくんが来た。 (問題・イラスト) ３番目に来た動物は誰か 
お話の記憶	□筆記 □口頭		(あらすじ) (問題・イラスト)
図形	□筆記 □口頭		
言語	□筆記 □口頭		
常識	□筆記 □口頭		
数量	□筆記 □口頭		
推理	□筆記 □口頭		
その他	□筆記 □口頭		

●制作　（例）ぬり絵・お絵かき・工作遊びなど

〈実施日〉＿＿月＿＿日〈時間〉＿＿時＿＿分＿＿～＿＿時＿＿分

〈出題方法〉□肉声 □録音 □その他（　　　　　）〈お手本〉□有 □無

〈試験形態〉□個別 □集団（　　　人程度）

材料・道具	制作内容
□ハサミ □のり（□つぼ □液体 □スティック） □セロハンテープ □鉛筆 □クレヨン（　色） □クーピーペン（　色） □サインペン（　色）□ □画用紙（□ A4 □ B4 □ A3 □その他：　　　　） □折り紙 □新聞紙 □粘土 □その他（　　　　　）	□切る □貼る □塗る □ちぎる □結ぶ □描く □その他（　　　　　） タイトル：＿＿＿＿＿＿＿＿

●面接

〈実施日〉＿＿月＿＿日〈時間〉＿＿時＿＿分＿＿～＿＿時＿＿分〈面接担当者〉＿＿名

〈試験形態〉□志願者のみ（　　）名 □保護者のみ □親子同時 □親子別々

〈質問内容〉

※試験会場の様子をご記入下さい。

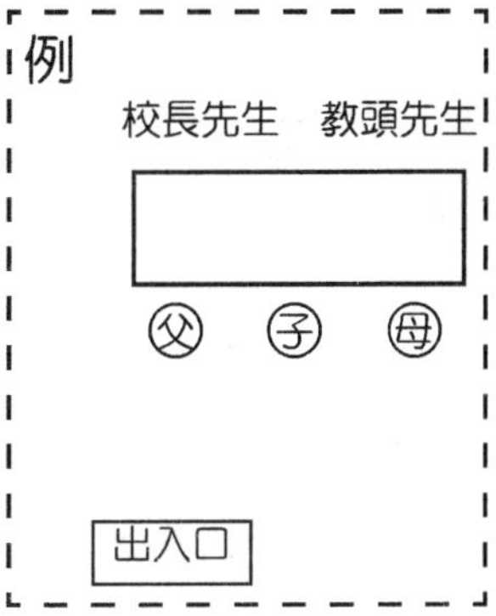

□志望動機　□お子さまの様子

□家庭の教育方針

□志望校についての知識・理解

□その他（　　　　　　　　）

（詳　細）

・

・

・

・

●保護者作文・アンケートの提出（有・無）

〈提出日〉□面接直前　□出願時　□志願者考査中　□その他（　　　　　　）

〈下書き〉□有　□無

〈アンケート内容〉

（記入例）当校を志望した理由はなんですか（150 字）

●説明会（□有　□無）〈開催日〉＿＿月＿＿日〈時間〉＿＿時＿＿分～＿＿時＿＿分
〈上履き〉□要　□不要〈願書配布〉□有　□無〈校舎見学〉□有　□無
〈ご感想〉

●参加された学校行事（複数回答可）
公開授業〈開催日〉＿＿月＿＿日〈時間〉＿＿時＿＿分～＿＿時＿＿分
運動会など〈開催日〉＿＿月＿＿日〈時間〉＿＿時＿＿分～＿＿時＿＿分
学習発表会・音楽会など〈開催日〉＿＿月＿＿日〈時間〉＿＿時＿＿分～＿＿時＿＿分
〈ご感想〉
※是非参加したほうがよいと感じた行事について

●受験を終えてのご感想、今後受験される方へのアドバイス
※対策学習（重点的に学習しておいた方がよい分野）、当日準備しておいたほうがよい物など

＊＊＊＊＊＊＊＊＊＊＊＊　ご記入ありがとうございました　＊＊＊＊＊＊＊＊＊＊＊＊

必要事項をご記入の上、ポストにご投函ください。

なお、本アンケートの送付期限は入試終了後３ヶ月とさせていただきます。また、入試に関する情報の記入量が当社の基準に満たない場合、謝礼の送付ができないことがございます。あらかじめご了承ください。

ご住所：〒＿＿＿＿＿＿＿＿＿＿＿＿＿＿＿＿

お名前：＿＿＿＿＿＿＿＿　メール：＿＿＿＿＿＿＿＿

ＴＥＬ：＿＿＿＿＿＿＿＿　ＦＡＸ：＿＿＿＿＿＿＿＿

アンケートのご記入
ありがとうございました

ご記入頂いた個人に関する情報は、当社にて厳重に管理致します。弊社の個人情報取り扱いに関する詳細は、www.nichigaku.jp/policy.php の「個人情報の取り扱い」をご覧下さい。

日本学習図書株式会社

分野別 小学入試練習帳 ジュニアウォッチャー

1．点・線図形	小学校入試で出題頻度の高い『点・線図形』の模写を、難易度の低いものから段階別に幅広く練習することができるように構成。
2．座標	図形の位置模写という作業を、難易度の低いものから段階別に練習できるように構成。
3．パズル	様々なパズルの問題を難易度の低いものから段階別に練習できるように構成。
4．同図形探し	小学校入試で出題頻度の高い、同図形選びの問題を繰り返し練習できるように構成。
5．回転・展開	図形などを回転、または展開したとき、形がどのように変化するかを学習し、理解を深められるように構成。
6．系列	数、図形などの様々な系列問題を、難易度の低いものから段階別に練習できるように構成。
7．迷路	迷路の問題を繰り返し練習できるように構成。
8．対称	対称に関する問題を４つのテーマに分類し、各テーマごとに問題を段階別に練習できるように構成。
9．合成	図形の合成に関する問題を、難易度の低いものから段階別に練習できるように構成。
10．四方からの観察	もの（立体）を様々な角度から見て、どのように見えるかを推理する問題を段階別に整理し、１つの形式で複数の問題を練習できるように構成。
11．いろいろな仲間	ものや動物、植物の共通点を見つけ、分類していく問題を中心に構成。
12．日常生活	日常生活における様々な問題を６つのテーマに分類し、各テーマごとに一つの問題形式で複数の問題を練習できるように構成。
13．時間の流れ	『時間』に着目し、様々なものごとは、時間が経過するとどのように変化するのかということを学習し、理解できるように構成。
14．数える	様々なものを『数える』ことから、数の多少の判定やかけ算、わり算の基礎までを練習できるように構成。
15．比較	比較に関する問題を５つのテーマ（数、高さ、長さ、量、重さ）に分類し、各テーマごとに問題を段階別に練習できるように構成。
16．積み木	数える対象を積み木に限定した問題集。
17．言葉の音遊び	言葉の音に関する問題を５つのテーマに分類し、各テーマごとに問題を段階別に練習できるように構成。
18．いろいろな言葉	表現力をより豊かにするいろいろな言葉として、擬態語や擬声語、同音異義語、反意語、数詞を取り上げた問題集。
19．お話の記憶	お話を聴いてその内容を記憶、理解し、設問に答える形式の問題集。
20．見る記憶・聴く記憶	「見て憶える」「聴いて憶える」という『記憶』分野に特化した問題集。
21．お話作り	いくつかの絵を元にしてお話を作る練習をして、想像力を養うことができるように構成。
22．想像画	描かれてある形や景色に好きな絵を描くことにより、想像力を養うことができるように構成。
23．切る・貼る・塗る	小学校入試で出題頻度の高い、はさみやのりなどを用いた巧緻性の問題を繰り返し練習できるように構成。
24・絵画	小学校入試で出題頻度の高い、お絵かきやぬり絵などクレヨンやクーピーペンを用いた巧緻性の問題を繰り返し練習できるように構成。
25．生活巧緻性	小学校入試で出題頻度の高い日常生活の様々な場面における巧緻性の問題集。
26．文字・数字	ひらがなの清音、濁音、拗音、拗長音、促音と１～20までの数字に焦点を絞り、練習できるように構成。
27．理科	小学校入試で出題頻度が高くなりつつある理科の問題を集めた問題集。
28．運動	出題頻度の高い運動問題を種目別に分けて構成。
29．行動観察	項目ごとに問題提起をし、「このような時はどうか、あるいはどう対処するのか」の観点から問いかける形式の問題集。
30．生活習慣	学校から家庭に提起された問題と思って、一問一問絵を見ながら話し合い、考える形式の問題集。

31．推理思考	数、量、言語、常識（含理科、一般）など、諸々のジャンルから問題を構成し、近年の小学校入試問題傾向に沿って構成。
32．ブラックボックス	箱や筒の中を通ると、どのようなお約束でどのように変化するかを推理・思考する問題集。
33．シーソー	重さの違うものをシーソーに乗せた時どちらに傾くのか、またどうすればシーソーは釣り合うのかを思考する基礎的な問題集。
34．季節	様々な行事や植物などを季節別に分類できるように知識をつける問題集。
35．重ね図形	小学校入試で頻繁に出題されている「図形を重ね合わせてできる形」についての問題を集めました。
36．同数発見	様々な物を数え「同じ数」を発見し、数の多少の判断や数の認識の基礎を学べるように構成した問題集。
37．選んで数える	数の学習の基本となる、いろいろなものの数を正しく数える学習を行う問題集。
38．たし算・ひき算１	数字を使わず、たし算とひき算の基礎を身につけるための問題集。
39．たし算・ひき算２	数字を使わず、たし算とひき算の基礎を身につけるための問題集。
40．数を分ける	数を等しく分ける問題です。等しく分けたときに余りが出るものもあります。
41．数の構成	ある数がどのような数で構成されているか学んでいきます。
42．一対多の対応	一対一の対応から、一対多の対応まで、かけ算の考え方の基礎学習を行います。
43．数のやりとり	あげたり、もらったり、数の変化をしっかりと学びます。
44．見えない数	指定された条件から数を導き出します。
45．図形分割	図形の分割に関する問題集。パズルや合成の分野にも通じる様々な問題を集めました。
46．回転図形	「回転図形」に関する問題集。やさしい問題から始め、いくつかの代表的なパターンから、段階を踏んで学習できるよう編集されています。
47．座標の移動	「マス目の指示通りに移動する問題」と「指示された数だけ移動する問題」を収録。
48．鏡図形	鏡で左右反転させた時の見え方を考えます。平面図形から立体図形、文字、絵まで。
49．しりとり	すべての学習の基礎となる「言葉」を学ぶこと、特に「語彙」を増やすことに重点をおき、さまざまなタイプの「しりとり」問題を集めました。
50．観覧車	観覧車やメリーゴーラウンドなどを舞台にした「回転系列」の問題集。「推理思考」分野の問題ですが、要素として「図形」や「数量」も含みます。
51．運筆①	鉛筆の持ち方を学び、点線なぞり、お手本を見ながらの模写で、線を引く練習をします。
52．運筆②	運筆①からさらに発展し、「欠所補完」や「迷路」などを楽しみながら、より複雑な鉛筆運びを習得することを目指します。
53．四方からの観察 積み木編	積み木を使用した「四方からの観察」に関する問題を練習できるように構成。
54．図形の構成	見本の図形がどのような部分によって形づくられているかを考えます。
55．理科②	理科的知識に関する問題を集中して練習する「常識」分野の問題集。
56．マナーとルール	道路や駅、公共の場でのマナー、安全や衛生に関する常識を学べるように構成。
57．置き換え	さまざまな具体的・抽象的事象を記号で表す「置き換え」の問題を扱います。
58．比較②	長さ・高さ・体積・数などを数学的な知識を使わず、論理的に推測する「比較」の問題を練習できるように構成。
59．欠所補完	線と線のつながり、欠けた絵に当てはまるものなどを求める「欠所補完」に取り組める問題集です。
60．言葉の音（おん）	しりとり、決まった順番の音をつなげるなど、「言葉の音」に関する問題に取り組める練習問題集です。

『読み聞かせ』×『質問』＝『聞く力』

お話の記憶の練習に最適

1話5分の 読み聞かせお話集①②

「アラビアン・ナイト」「アンデルセン童話」「イソップ寓話」「グリム童話」、日本や各国の民話、昔話、偉人伝の中から、教育的な物語や、過去に小学校入試でも出題された有名なお話を中心に掲載。お話ごとに、内容に関連したお子さまへの質問も掲載しています。「読み聞かせ」を通して、お子さまの『聞く力』を伸ばすことを目指します。

①巻・②巻　各48話

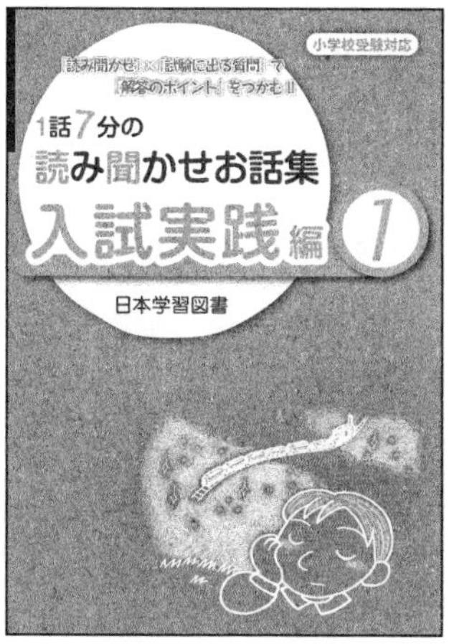

1話7分の読み聞かせお話集 入試実践編①

国立・私立小学校受験対応

最長1,700文字の長文のお話を掲載。有名でない＝「聞いたことのない」お話を聞くことで、『集中力』のアップを目指します。設問も、実際の試験を意識した設問としています。ペーパーテスト実施校の多くが「お話の記憶」の問題を出題します。毎日の「読み聞かせ」と「試験に出る質問」で、「解答のポイント」をつかんで臨みましょう！

50話収録

ニチガクの この5冊で受験準備も万全！

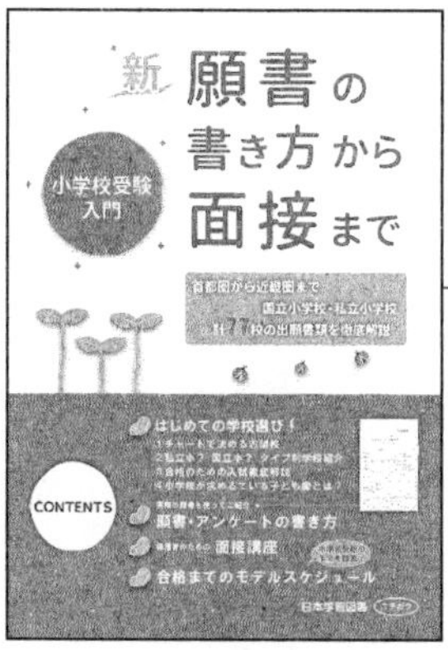

小学校受験入門 願書の書き方から面接まで リニューアル版

主要私立・国立小学校の願書・面接内容を中心に、学校選びや入試の分野傾向、服装コーディネート、持ち物リストなども網羅し、受験準備全体をサポートします。

小学校受験で 知っておくべき 125のこと

小学校受験の基本から怪しい「ウワサ」まで、保護者の方々からの125の質問にていねいに解答。目からウロコのお受験本。

新　小学校受験の 入試面接Q＆A リニューアル版

過去十数年に遡り、面接での質問内容を網羅。小学校別、父親・母親・志願者別、さらに学校のこと・志望動機・お子さまについてなど分野ごとに模範解答例やアドバイスを掲載。

新　願書・アンケート 文例集500 リニューアル版

有名私立小、難関国立小の願書やアンケートに記入するための適切な文例を、質問の項目別に収録。合格を掴むためのヒントが満載！願書を書く前に、ぜひ一度お読みください。

小学校受験に関する 保護者の悩みQ＆A

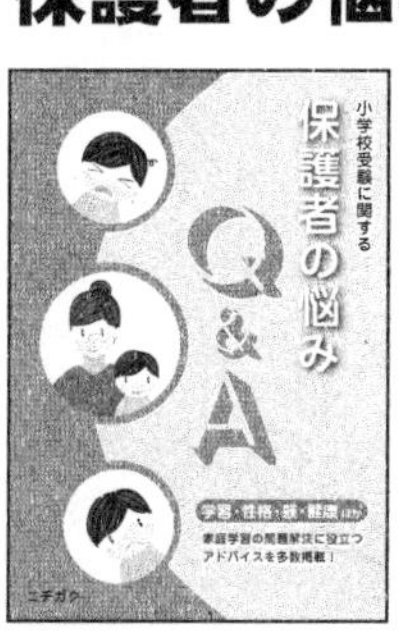

保護者の方約1,000人に、学習・生活・躾に関する悩みや問題を取材。その中から厳選した200例以上の悩みに、「ふだんの生活」と「入試直前」のアドバイス2本立てで悩みを解決。

日本学習図書株式会社

大阪教育大学附属平野小学校　専用注文書

年　　月　　日

合格のための問題集ベスト・セレクション

＊入試頻出分野ベスト３

1st　お話の記憶　集中力　聞く力

2nd　常　識　知識　マナー

3rd　図　形　思考力　観察力

１つの分野でさまざまな問題が出題される、独特の形式が特徴です。難しい問題に取り組むよりも、それぞれの分野の基本問題を幅広く学習し、どんな問題にも対応できるようにすることがポイントです。

分野	書　名	価格(税込)	注文	分野	書　名	価格(税込)	注文
図形	Ｊｒ・ウォッチャー 3「パズル」	1,650 円	冊	図形	Ｊｒ・ウォッチャー 45「図形分割」	1,650 円	冊
図形	Ｊｒ・ウォッチャー 4「同図形探し」	1,650 円	冊	巧緻性	Ｊｒ・ウォッチャー 51「運筆①」	1,650 円	冊
推理	Ｊｒ・ウォッチャー 6「系列」	1,650 円	冊	巧緻性	Ｊｒ・ウォッチャー 52「運筆②」	1,650 円	冊
図形	Ｊｒ・ウォッチャー 9「合成」	1,650 円	冊	図形	Ｊｒ・ウォッチャー 54「図形の構成」	1,650 円	冊
常識	Ｊｒ・ウォッチャー 11「いろいろな仲間」	1,650 円	冊	常識	Ｊｒ・ウォッチャー 55「理科②」	1,650 円	冊
常識	Ｊｒ・ウォッチャー 12「日常生活」	1,650 円	冊	常識	Ｊｒ・ウォッチャー 56「マナーとルール」	1,650 円	冊
推理	Ｊｒ・ウォッチャー 15「比較」	1,650 円	冊	推理	Ｊｒ・ウォッチャー 58「比較②」	1,650 円	冊
記憶	Ｊｒ・ウォッチャー 19「お話の記憶」	1,650 円	冊	推理	Ｊｒ・ウォッチャー 59「欠所補完」	1,650 円	冊
巧緻性	Ｊｒ・ウォッチャー 23「切る・貼る・塗る」	1,650 円	冊		実践 ゆびさきトレーニング①②③	2,750 円	各　冊
常識	Ｊｒ・ウォッチャー 27「理科」	1,650 円	冊		面接テスト問題集	2,200 円	冊
行動観察	Ｊｒ・ウォッチャー 29「行動観察」	1,650 円	冊		１話５分の読み聞かせお話集①②	1,980 円	各　冊
推理	Ｊｒ・ウォッチャー 31「推理思考」	1,650 円	冊		新 運動テスト問題集	2,420 円	冊
常識	Ｊｒ・ウォッチャー 34「季節」	1,650 円	冊				

合計	冊	円

（フリガナ） 氏　名	電　話 ＦＡＸ E-mail
住 所　〒　　　－	以前にご注文されたことはございますか。 有　・　無

★お近くの書店、または記載の電話・FAX・ホームページにてご注文をお受けしております。
　電話：03-5261-8951　FAX：03-5261-8953　代金は書籍合計金額＋送料がかかります。
　※なお、落丁・乱丁以外の理由による商品の返品・交換には応じかねます。
★ご記入頂いた個人に関する情報は、当社にて厳重に管理致します。なお、ご購入の商品発送の他に、当社発行の書籍案内、書籍に関する調査に使用させて頂く場合がございますので、予めご了承ください。

日本学習図書株式会社
http://www.nichigaku.jp

家庭学習をトータルサポート！ ニチガクのオリジナル 効果的 学習法

1 まずは アドバイスページを読む！

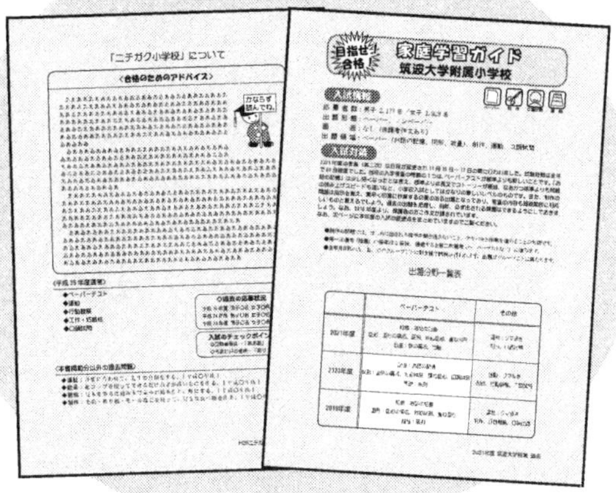

ピンク色です

対策や試験ポイントがぎっしりつまった「家庭学習ガイド」。分野アイコンで、試験の傾向をおさえよう！

2 問題をすべて読み、出題傾向を把握する

3 「学習のポイント」で学校側の観点や問題の解説を熟読

4 はじめて過去問題にチャレンジ！

5 プラスα 対策問題集や類題で力を付ける

過去問のこだわり

最新問題は問題ページ、イラストページ、解答・解説ページが独立しており、お子さまにすぐに取り掛かっていただける作りになっています。
ニチガクの学校別問題集ならではの、学習法を含めたアドバイスを利用して、効率のよい家庭学習を進めてください。

各問題のジャンル

問題8 分野：図形（構成・重ね図形）

〈準備〉 鉛筆、消しゴム

〈問題〉 ①この形は、左の三角形を何枚使ってできていますか。その数だけ右の四角に○を書いてください。
②左の絵の一番下になっている形に○をつけてください。
③左には、透明な板に書かれた３枚の絵があります。この絵をそのまま３枚重ねると、どうなりますか。右から選んで○をつけてください。
④左には、透明な板に書かれた３枚の絵があります。この絵をそのまま３枚重ねると、どうなりますか。右から選んで○をつけてください。

〈時間〉 各20秒

〈解答〉 ①○４つ ②中央 ③右端 ④右端

学習のポイント

空間認識力を総合的に観ることができる問題構成といえるでしょう。これらの３問を見て、どの問題もすんなりと解くことができたでしょうか。当校の入試は、基本問題は確実に解き、難問をどれだけ正解するかで合格が近づいてきます。その観点からいうなら、この問題は全問正解したい問題に入ります。この問題も、お子さま自身に答え合わせをさせることをおすすめいたします。自分で実際に確認することでどのようになっているのか把握することが可能で、理解度が上がります。実際に操作したとき、どうなっているのか。何処がポイントになるのかなど、質問をすると、答えることが確認作業になるため、知識の習得につながります。形や条件を変え、色々な問題にチャレンジしてみましょう。

【おすすめ問題集】
Jr.ウォッチャー45「図形分割」

学習のポイント

各問題の解説や学校の観点、指導のポイントなどを教えます。
今日から保護者の方が家庭学習の先生に！

おすすめ対策問題集

分野ごとに対策問題集をご紹介。苦手分野の克服に最適です！
＊専用注文書付き。

2024年度版 大阪教育大学附属平野小学校 過去問題集

発行日 2023年12月18日
発行所 〒162-0821 東京都新宿区津久戸町 3-11-9F
日本学習図書株式会社
電　話 03-5261-8951 ㈹

“たのしくてわかりやすい”

授業を体験してみませんか

「わかる」
だけでなく
「できた!」を
増やす学び

個性を生かし
伸ばす
一人ひとりが
輝ける学び

くま教育
センターは
大きな花を
咲かせます

学力だけでなく
生きていく
力を磨く学び

自分と他者を認め
強く優しい心を
育む学び

子育ての
楽しさを伝え
親子ともに
育つ学び

がまん
げんき
やくそく

「がまん」をすれば、強い心が育ちます。
「げんき」な笑顔は、自分もまわりの人も幸せにします。
「やくそく」を守る人は、信頼され、大きな自信が宿ります。
くま教育センターで、自ら考え行動できる力を身につけ、
将来への限りない夢を見つけましょう。

久保田式赤ちゃんクラス（0歳からの脳力トレーニング）	5歳・6歳 算数国語クラス
リトルベアクラス（1歳半からの設定保育）	4歳・5歳・6歳 受験クラス
2歳・3歳・4歳クラス	小学部（1年生〜6年生）

くま教育センター

FAX 06-4704-0365　TEL 06-4704-0355

〒541-0053 大阪市中央区本町3-3-15

- 大阪メトロ御堂筋線「本町」駅より⑦番出口徒歩4分
  C階段③番出口より徒歩4分
- 大阪メトロ堺筋線「堺筋本町」駅⑮番出口徒歩4分

本町教室　堺教室　西宮教室　奈良教室　京都幼児教室

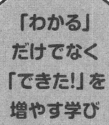